足りなさを味わう

独歩ちゃんの
山ごもりレシピ日記・秋

百万年書房

足りなさを味わう

独歩ちゃんの
山ごもりレシピ日記・秋

独歩ちゃんを推薦する

向坂くじら（詩人）

独歩ちゃんの料理がレシピになっているというのはふしぎだ。レシピというのは基本的に、一度作られた料理が再びほかのところで、もしくはほかの人の手で、再現されるためにあるはずだ。ところが独歩ちゃんのレシピに出てくるのは、その日たまたま山で見つかった野草やきのこ、お裾分けしてもらった巣蜜や秋桜の花びら、それから冷蔵庫にあった余りものの野菜。読んでいるわたしに再現できないのはもちろん、独歩ちゃんでさえ、同じものを二度作ろうとは思っていないにちがいない。そう思うと、普段食べているのは再現できるものばかりだ。

独歩ちゃんのカレーを食べたことがある。スパイスと野菜を使ったいくつものおかずが、一皿に盛られていた。そして、どこを食べても不完全で、なにかが欠けている気がした。あるおかずは思ったよりも塩気が薄く、あるおかずは思ったよりも甘酸っぱい。けれどもうひとくち食べると、すでに違う味になっている。食べても、食べても、簡単には納得させてもらえない。

しかしその途中で、その足りなさの感触こそがつぎのひとくちへと進ませているのだ、と気づく。舌がしんとしずまり、わずかな風味や感触に対して鋭敏になっているのがわかる。足りないから、食べたい。分からないから、おいしい。そう、なにひとつ納得しないまま、独歩ちゃんのカレーは圧倒的においしかった。わたしは自分と家族とわずかな友だちのためにしか料理をしない、しがない自炊者にすぎないが、それでもそのときには感嘆した。どんな魔法を使えば、この料理が作れるんだろう?

そして、最高のセッションライブを観たあとみたいにはずんで帰った。独歩ちゃんのレシピを見て、その魔法の正体が少しだけわかった気がした。独歩ちゃんは再現できないことを怖がらないのだ。それはつまり、絶え間ない変化を受けとめる、ということでもある。あの、どこにも安住できないふしぎなおいしさの正体は、それではなかろうか。独歩ちゃんは食べものを操作しようとしない。自分の手慣れた、納得できる地点へ持っていこうとしない。むしろ、食べものの持つ微細な変化に、自分のほうがついていこうとする。

天気がうつり、季節がうつれば、食べものも当然変わる。山も冷蔵庫も代謝をする。作るわたしも、食べるわたしも変わる。それを受けとめようと思ったら、料理だけが変わらずにいられるはずがない。変わりつづけることには、むしろ怜悧な一貫がある。


ふつう、レシピは自炊者たちにこう語りかける。さあ、材料をそろえて、この料理を作ってみなさい。けれど独歩ちゃんのレシピは違う。雨や草木を見るように、おおらかにかまえている。それでいてときに、自炊者たるわたしに向かって、するどくたずねる。

そこにある食べものと、そこにある体を、あなたはどうするのか。

足りなさを味わう

目次

9月

2023年9月23日(土)雨のち曇り

昨夜の土砂降りで、近くの沢音が賑やかな朝。霧雨の中、ゴミ集積所まで歩く。

青の美しさが躍る露草。「摘んで食べようかな」を思いとどまったのは、あまりに可憐すぎたから。

代わりに花終わりのヨモギをひとつかみいただき、朝ごはん。味の決め手はスパイスと英養蜂園《はなぶさ》の蜂蜜。パンともご飯とも相性が良いんです。

そろそろ雨も上がりそうなので、森の下見に行こう。

朝の爽やかさと秋の深まりスパイスを効かせた、沢胡桃とヨモギ

材料

◎コリアンダー　30粒ほど
◎クミン　20粒ほど
◎沢胡桃　5個
◎蜂蜜　小さじ½
◎醤油　小さじ1
◎ヨモギ　6gほど

作り方

①コリアンダーとクミンを秋の深まりに合わせ、少し深煎りしておく。
②沢胡桃の中身を取り出す。
③蜂蜜と醤油、スパイス（①）、沢胡桃をすべて混ぜ合わせ調味料とする。
④沸騰したお湯でヨモギを茹でる。秋のヨモギは硬めなので、お好きな歯応えに茹でて冷水に取る。水気を絞り、調味料と和えて完成。

9月24日(日)晴れ

冷え込んだ朝。晴れ渡る空を見上げて「チャンス!!」と思った。

太陽と雨が滋養を与えた土は、茸たちの大好物。さほど茸には詳しくないけれど、わくわくしながら森に向かう。

山の野草・ハーブを育てるために借りている場所に着くと、猪たちが遊んだ跡だらけだった。瓜坊もいたのかなあ、と和やかな気持ちと草の息吹にまみれる。

卵茸のスパゲッティーニ

材料

◎スパゲッティーニ　100g
◎卵茸　2本(他の茸でも可)
◎オキザリスの葉　数枚

A

◎卵黄　1個
◎パルミジャーノ　好きなだけ

B

◎生クリーム　大さじ1
◎メイプルシロップ　小さじ½
◎オリーブオイル　大さじ1
◎唐辛子　1本
◎ニンニク　小指の爪ほど（みじん切り）
◎イエローマスタードシード　70粒くらい

作り方

①塩水を沸かし、スパゲッティーニをお好みの硬さに茹でる（茹で汁30mlは取っておく）。
②Aをすべてボウルに入れ、混ぜ合わせておく。
③Bをすべて弱火にかけて、マスタードシードが弾け出したら火を止める。
④卵茸を適当に切って、くたっとなるまでソテーし、スパゲッティーニと茹で汁（30ml）を足す。水分が白っぽくなるまで弱火で混ぜたら、卵黄ボウル（②）に入れる。手早く混ぜ、飾りのオキザリスを添えたら完成。

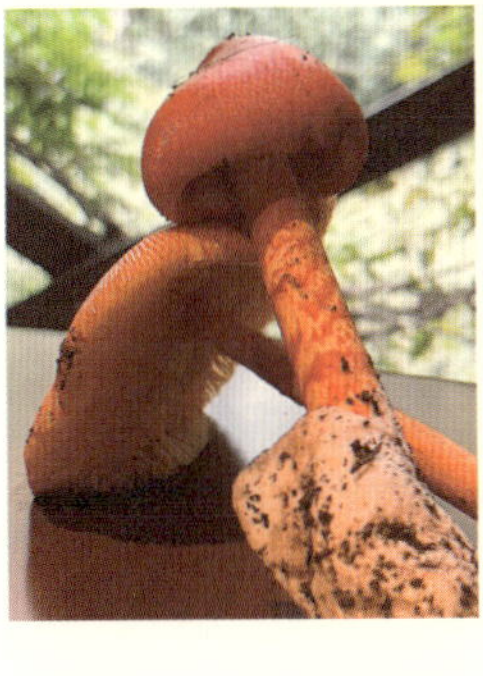

9月25日（月）晴れ

寒くて目が覚めた早朝4時。

だんだんと綺麗に染まる朝焼けとコーヒーが活力を与えてくれる。

今日は野外独歩ちゃんの日。森や川で独歩ちゃんと一緒に食材を採取し、料理を作って食べる一日です。今回のゲストが「朝食はまだ」ということで、森の朝らしいサラダをご用意するところから始めました。

華麗なる皇帝の森サラダ

材料

◎沢胡桃　5個
◎皇帝の茸　1個

A

◎岩塩　ひとつまみ
◎グリーンフェンネル　20粒
◎コリアンダー　16粒

B

◎クミン　12粒
◎ツルマンネングサ　ひとつかみ
◎チドメグサ　ひとつかみ
◎オキザリス　ひとつかみ

作り方

①沢胡桃の中身を取り出す。
②Aをすり鉢などですべて混ぜ、デュカ（複数のスパイスやナッツ類を合わせたシーズニングソルト）を作る。
③皇帝の茸をスライスする。
④Bをすべて食べやすくカットし、盛り付ける。デュカ（②）をふりかけ、オリーブオイルをかければ完成。

9月26日（火）晴れ〜曇り

山の幸は、動物たちとの争奪戦です。下見していた穴場には大きな熊の足跡があり、食べ尽くされた山栗だらけ。あっけなく僕の惨敗です。

でも、視点を変え、別の場所で栗を拾っていたら鹿の骸骨を発見。なんだか得した気分になりました。

朝の味噌汁

材料

◎とき卵　1個
◎チドメグサ（盛り付け用）

A

冷蔵庫の余り野菜
（今回使用した食材は以下のとおり）
◎キクラゲ
◎ジャガイモ
◎玉葱
◎舞茸
◎サツマイモ
◎甘唐辛子

B

◎ターメリック　小さじ1程度
◎麦味噌　大さじ1程度
（お好みの味噌で可）

作り方

①Aの野菜を適当に切って、お好みの出汁で火を通す。
②野菜（①）に火が通ったらBを加える。ひと煮立ちする直前で火を止め、とき卵を入れ、混ぜる。器によそってチドメグサを盛ったら完成。

9月27日（水）曇り時々晴れ

空、好きですか？

僕は空が好きで、子供みたいに口をぽかんと開けてよく見上げています。

今日は茸狩りに来たけれど、車を停めて空を見上げたら、大きな大きな茸が生えていたんです。

森の茸カレーとシバグリのバスマティライス

＊湯取り方式で作るバスマティライスは、沸騰した湯にバスマティライスを入れ、温度が下がったら再度沸騰させてから、茹で時間（袋表記時間）をカウントします。多めの湯で、「炊く」というよりはパスタを茹でるようなイメージです。

材料

◎シバグリ　好きなだけ

（湯取りバスマティライス作り）

◎バスマティライス　1合

A

◎米油　大さじ1
◎ニンニク　1個（みじん切り）
◎生姜　ニンニクと同程度（みじん切り）
◎唐辛子　1本
◎カルダモン　3粒

◎クミン　小さじ½

B

（お好みの茸）
◎シロアンズタケ
◎タマゴダケ
◎ホコリタケ
◎カヤタケ
◎ムラサキフウセンタケ

（茸の味付け）
◎甜菜糖　小さじ½
◎麦味噌　大さじ1

C

（スパイス）
◎黒胡椒　5粒
◎コリアンダー　大さじ1
◎グリーンフェンネル　小さじ½
◎クローブ　4粒

D

◎ココナッツミルク　400ml
◎水　400ml
◎ローリエ　1枚

◎セイロンシナモン　小指の爪大
◎ココナッツオイル　小さじ1

下準備

◎バスマティライス1合を、30分ほど水に浸けておく。
◎シバグリを茹でて、皮を剥いておく。

作り方

①Aをすべて鍋に入れ弱火でじっくり香りを出す。
②Bのお好きな茸を好きなだけ切って、油（①）に加えて炒め、水（250ml）・甜菜糖・麦味噌を加えて5分ほど煮る。
③Cをミルミキサーで粉にし、鍋（②）に入れて3分ほど煮る。
④別の鍋を用意し、Dを入れ沸かす。沸騰したらバスマティライスの水を切って加え、袋表記の時間茹でたら、ザルにあけ10分間米が立つまで放置する。
＊こうすると湯切りしながら同時に蒸らすことにもなります。放置時間は1合だと6分ほど、2〜3合だと10分以上になりますが、目安としては驚くほど米が立つので、時間よりも目視での確認が分かりやす

いです。

⑤下準備したシバグリと混ぜ合わせたら完成。

以下、付け合わせ。今回一緒に採取したものです。

各種付け合わせ

材料

◎ムカゴ
◎アケビ
◎野薔薇のローズヒップ
◎秋海棠の花
◎冷蔵庫にあったオカワカメ　2枚

E

◎オイル　小さじ1
◎イエローマスタードシード　ひとつまみ
◎唐辛子　1本

F

◎オイル　小さじ1
◎フェヌグリーク　ひとつまみ
◎黒胡椒　ひとつまみ
◎唐辛子　1本

下準備

◎アケビは中身と皮に分ける。皮をざく切りにし、水に10分さらしておく。
◎ムカゴは塩茹でしておく。

作り方

⑥野薔薇のローズヒップは、熟したものを水洗いし、キッチンペーパーで水気を取る。
⑦Eをテンパリングしたオイルに、水を切ったアケビを入れて炒める。
⑧Fを弱火にかけテンパリングしたら、塩茹でしたムカゴを合える。
⑨秋海棠の花は軽く水洗いし、キッチンペーパーで水気を取る。
⑩オカワカメはサッと水洗いして、キッチンペーパーで水気を取る。
⑪すべてをお皿に盛り付けたら完成です。

9月28日（木）晴れ

肌寒い日が続いた後の残暑は、身体に堪えます。

それでも青空に誘われて里山を歩いたりするんですが、僕が初めてここ埼玉県秩父郡横瀬町を訪れたのも、ちょうど今くらいの時期でした。

あちこちに白く可憐なニラの花が咲き誇っていて、心が弾みました。

こちらに移住してからニラを買ったことがありません。

ニラ卵巻き

材料

◎卵　1個
◎魚醤　少々
◎焼き海苔　1枚
◎ご飯（今回はバスマティライス）　大さじ2
◎ニラ
◎ニラの花（飾り用）

A

◎胡麻油　小さじ1
◎花山椒　ひとつまみ
◎イエローマスタードシード　ひとつまみ

下準備

◎ニラは茹でて水気を絞る。

作り方

①Aをフライパンに入れ、弱火で香りを引き出す。
②ボウルに卵と魚醤をよく混ぜ合わせ、フライパン（①）に入れて炒り卵を作る。
③焼き海苔にご飯を敷き、炒り卵（②）とニラをのせたら太巻きの要領で巻く。飾りでニラの花をふりかければ完成。つけだれは、塩と胡麻油が美味しいです。

9月29日（金）晴れのち曇り

今宵は中秋の名月。
小学生の頃から月を見るのが好きでした。
山栗とスパイスと道明寺粉でお手軽お団子気分を楽しみました。

お月見団子

材料

◎シバグリ　10個ほど
◎道明寺
◎ターメリック
◎クミン
◎シナモン
◎餡子（市販のものを使用）

下準備

◎シバグリは茹でて皮を剥いておく。

作り方

①道明寺を作る。袋に記載のレシピに従い、今回は黄色と白色を作ります。黄色は、シバグリとターメリックを道明寺に混ぜ込み蒸らす。白色は、クミンとシナモンを混ぜ込み蒸らす。

②餡子を道明寺（①）で包んで丸めたら完成。

9月30日(土)曇り

曇天に包まれた山も、良いものです。

幾層にも重なる雲は、まるで動く墨絵のようで見飽きません。

そんな中、今日はフリーマーケットに出店。子どもたちが大好きな、魔法のガラムマサラ遊びをやってみました。

木の枝、葉っぱ、種をゴリゴリ、トントン。子どもたちの優しさと天才っぷりに触れ、僕の方が楽しかったなあ。

ちびっこカレー（味見20人分）

材料

◎サツマイモ　中2本
◎米油　大さじ1
◎イエローマスタードシード　小さじ1
◎玉葱　4個
◎ニンニク　1個

◎ココナッツファイン　大さじ4
◎水（濃度調整用）
◎塩　お好みの量

A

◎ローリエ　1枚
◎カルダモン　2個
◎クミン　小さじ1と½
◎コリアンダー　小さじ3
◎セイロンシナモン
小指の半分くらい

下準備

◎サツマイモは蒸し上げておく。
◎玉葱とニンニクはみじん切りにしておく。

作り方

①米油とイエローマスタードシードを弱火で炒め、パチパチしたら玉葱とニンニクを加えて、中火で飴色になるまで焦げないように火を通す。
②サツマイモとAのスパイスをミキサーに入れ、回るくらい水を足しな

がらピュレにして飴色に炒めた玉葱（①）と合わせる。

③再び（②）を火にかけて、ココナッツファインを混ぜ、水と塩でお好きな濃度に調整したら完成。

10月

10月1日（日）曇り時々雨

朝から昼にかけて花火が鳴り響きます。

年間400近くもお祭りがある秩父界隈では、信号雷（祭り等のお知らせ）をよく耳にします。僕が住む武甲山の麓には400年間続く神楽があり、「神楽をイメージした料理を作るとしたらどんなだろう？」と思いながら、てくてく歩く帰り道、金木犀と秋ワラビを摘みました。

金木犀と秋ワラビのハンバーグ

材料

◎灰汁抜きワラビ　30gほど
◎米油　小さじ1
◎玉葱　¼個（みじん切り）
◎ニンニク　1個（みじん切り）
◎金木犀（飾り用）

A

◎合挽肉　130g（お好きなもので）
◎コリアンダーシード　小さじ1
◎クミン　小さじ½
◎ナンプラー　小さじ1

下準備

◎灰汁抜きをしてあるワラビに、椿の枝と葉を少し煮出したお湯をかけ、半日ほど置きました。ワラビは飾り用に少し残し、あとは包丁で叩きます。

作り方

①米油を熱し、ニンニクと玉葱を加える。玉葱が透明になるまで炒める。
②炒めた玉葱（①）に叩いたワラビとAを入れ、よく混ぜ合わせてフライパンで焼く。飾り用に残しておいたワラビと、洗っておいた金木犀をふりかければ完成。

10月2日（月）曇り時々晴れ

香る里山。

金木犀が咲きはじめると、一日中ふわりと甘い香りに包まれて、とても幸せな気分になれます。横瀬町に移住を決めたのも、この情景を料理で表現してみたいと強く思ったからです。

金木犀の琥珀糖

材料

◎金木犀　お好きな量
◎粉寒天　4g
◎水　200ml
◎砂糖　250g

作り方

①花についた軸やゴミを取り除く。水でさっと洗い、キッチンペーパーなどで水気を拭き取る（今回は他に露草、うどの花、秋海棠も使いました）。
②鍋に粉寒天と水を入れる。中火で混ぜながら、寒天が溶けたら砂糖を加え、ゴムベラなどで焦げ付かないようにトロッと糸が引くくらいまで煮詰める。
③バットに流し入れたら、金木犀（①）を混ぜ込んで冷蔵庫で冷やし固める。固まったら包丁や手で好きなように分けて、クッキングシートなどに並べて周りを乾燥させると、カリカリとした食感も楽しめます。

10月3日（火）朝晴れて、すぐに曇り

セイタカアワダチソウ。その群生を見かけると、キリンの群れを思い浮かべます。

秋晴れの空と黄色い花姿は、ピクニック気分にしてくれます。ネイティブアメリカンが古くから薬草として利用し、ヨーロッパではハーブとして扱われている身近な草花。僕の料理にもよく登場します。花が咲く前日が一番薬効があるらしく、今回は開く寸前の蕾を餡掛けにしました。

セイタカアワダチソウの花餡掛け

材料

A

◎出汁　200ml
（鰹を使いましたがお好みの顆粒等でバリエーションは広がります）
◎グリーンフェンネル　小さじ½

◎ナンプラー　小さじ½
◎オイスターソース
　小さじ½
◎カスリメティ　ひとつまみ
◎塩　ひとつまみ

B

◎セイタカアワダチソウの蕾
　お好きなだけ
◎秩父カボス　1個分の果汁

C

◎片栗粉　小さじ1
◎水　小さじ1

作り方

①Aをすべて鍋で沸かし、少し濃いめの味に整える。
②Bを鍋（①）に入れ、ひと煮立ちしたら火を止める。
③Cを混ぜた水溶き片栗粉を、鍋（②）に回し入れ、再度ひと煮立ちしたら完成。今回は鯵の竜田揚げにカボスをふりかけたものに餡をかけましたが、いろいろなものに合わせてお使いいただけます。

10月4日(水)雨

冷たい雨が降っては止みを繰り返し、気温も上がらず、今季初のダルマストーブに火を灯した日でした。

山梨からふたりの来訪者が、バナナとアルプス乙女リンゴを持ってやって来ました。

名だたる一流レストラン御用達の野草を取り扱う「摘み草のお店つちころび」鶴岡舞子先生と、そのお手伝いさんです。

用件は、今季初出荷するレストラン用のキンモクセイを摘ませてほしいのと、バナナでパフェ作って食べようよ、でした。

急な来訪も、山暮らしでは楽しみのひとつです。

バナナパフェ（3人分）

材料

A

◎生クリーム　250ml
（ミルク粥）
◎ミルク　400ml
◎砂糖　大さじ2
◎シナモン　小指の爪ほど
◎クローブ　2粒
◎スターアニス　1個
◎ローリエ　1枚
◎バスマティライス　大さじ3

（バナナのキャラメリゼ）
◎バター　小さじ1
◎砂糖　大さじ3
◎バナナ　3本

（焼き乙女リンゴ）

◎アルプス乙女リンゴ　3個

B

◎バター

◎シナモン

C

（キャラメルソース）

◎水　40ml

◎砂糖　30g

◎生クリーム　40ml

作り方

①Aをすべて鍋に入れ、弱火で水分がなくなるまで、蓋をせずにミルク粥を作る。

②フライパンでバターを溶かし、砂糖を入れてキャラメル色になったら、好きな形に切ったバナナを入れ、キャラメリゼする。

③乙女リンゴはヘタが蓋になるように切り、中の芯を取り除く。Bを詰めてトースター等で、200℃くらいで20分程度焼く。

④生クリーム（250ml）は8分立てのツノが立つ状態にする。

⑤キャラメルソースを作る。Cの水と砂糖を弱火にかけキャラメル色に

する。

⑥キャラメル（⑤）の火を止めて、粗熱を取る。そこに温めた生クリーム（40ml）を数回に分けて入れ、混ぜる。

⑦すべてをお好きなように盛り込めば完成。今回はラムレーズンアイスやラスク、コーンフレーク、クリスタルフレークソルト ブラックを使いました。みなさんのお好みの材料を足してみてください。

10月5日（木）曇り

朝からキンモクセイ採取が始まりました。昨日来訪したふたりと僕とで3人。

目標はあの小さな花だけで1kgですが、急な傾斜地に2階建てほどの高さの金木犀の木があるので、実際に木に登った体感だと7mほど（3、4階くらい？）の高さでなかなか怖いんです。

採取・選別・袋詰めと作業をするうちに気付けばお昼を回りました。開花と同時に袋詰めを行わないと、揮発性の香りは商品にならないため、スピード勝負。殺伐としそうな作業ですが、香りのご褒美に包まれたおかげで「どんな一皿になるのだろう?」とわくわくしながら過ごしました。

イクラの金木犀漬け

材料

◎生すじこ　300~500g
◎金木犀　お好きな量

(漬けだれ)

A

◎酒　100ml
◎みりん　40ml
◎醤油　30ml

B

◎クローブ　2粒
◎カルダモン　2粒

作り方

①生すじこはほぐして洗い、水気を切っておく。
②金木犀は花以外のゴミなどをひとつひとつ取り除き、さっと水洗いして水気を切る。
③漬けだれを作る。Aを火にかけ煮切っておく。
④Bを浸けだれ（③）と合わせ、ひと煮立ちしたら冷やしておく。
⑤漬けだれ（④）に生すじこ、金木犀を入れて、2〜3日したら完成。

10月6日（金）晴れ

少し強めの風が雲をどけて、秋晴れな一日。

青空の下だと、お花たちが笑ってるようで美しい。この日は秋海棠がとても輝いていたので、今日という日を一皿にしてみたくなりました。

秋晴れと秋海棠のパスタ

材料

◎秋海棠の花　お好きなだけ
（酸味がある美味しいお花です）

A

（ジェノベーゼソース）
◎レモンバジル　10g
◎沢胡桃　5個
◎パルミジャーノ　20g
◎ニンニク　小指の爪ほど
◎エキストラバージンオイル　60ml

（青色パスタ）
◎水　適量
◎塩　大さじ1
◎バタフライピー粉末　5g
◎スパゲットーニ　110g

（ペペロンチーノソース）

◎イエローマスタードシード　小さじ½

B

◎エキストラバージンオイル　大さじ2
◎ニンニク　2個
◎唐辛子　1本

作り方

①Aをミキサーなどでペーストにし、ジェノベーゼソースを作る。
②青色パスタを作る。水に塩、バタフライピーを混ぜ沸かし、袋表記の時間パスタを茹でる（茹で汁100mlは残しておく）。
③ペペロンチーノソースを作る。フライパンにBを入れ、ニンニクに火が通ったら唐辛子と共に取り出す。
④イエローマスタードシードをオイルに加えて弱火でパチパチ弾けたら、パスタの茹で汁100ml（②）を加えてハンドブレンダーで混ぜ、乳化させる。
⑤茹で上がったパスタとペペロンチーノソース（④）を混ぜ、皿にジェノベーゼソース（①）とパスタ、秋海棠の花を飾ったら完成。

10月7日(土)晴れ

「三峯神社の近くで茸狩りをしよう」と、東京から現れたゲストと一緒に向かう途中、車の多さで3連休だと気付きました。

「あ〜やってしまった」と心の中で呟く僕。曜日を意識せずに生活しているが故の失敗。

森ではたくさんの茸が待っているはずだったのですが、結果は惨敗。毒茸だけがいっぱい生えていました。おそらく朝早くから大勢の方々が茸狩りを楽しんだであろう痕跡に「遅かったね」と笑い合う。

それでも途中で出会ったテンと追いかけっこしたり、気分は上々で、帰りの道の駅で生の棗《ナツメ》を購入し、食べることにしました。

棗の南蛮甘露煮

材料

◎生棗　300g
◎醤油　大さじ2

A

◎みりん　大さじ2
◎砂糖　60g
◎カルダモン　2粒
◎シナモン　小指くらい
◎クローブ　3粒
◎スターアニス　1個
◎塩　ひとつまみ
◎水　500ml

下準備

◎生棗はヘタを取り、60度のお湯に3〜4分浸けておく。洗った棗とひたひたの水を鍋に入れ、塩大さじ1で15分ほど煮てザルに上げる。

作り方

①下準備した棗と、Aをすべて鍋に入れ、沸いたら弱火で30分ほど煮る。
②醤油を加えたら、さらに15分ほど煮ます。汁ごと冷ましたら完成。一

――日置くとさらに美味しくなります。

10月8日(日)曇り

農民ロケットって聞いたことありますか？　戦国時代にあった狼煙《のろし》の技法を用いた手作りロケット花火なんですが、秩父吉田の龍勢祭りが3年振りに開催されたので見てきました。

15分おきに27発打ち上げるのですが、農民が手作りするから全部成功するわけじゃなくて面白いんです。完璧な美しさにはない神様への奉納。料理にも通じる深い何かを感じました。

今日のレシピは、天高く打ち上がる龍勢を描きたくて作りました。

椎茸の竜田揚げ

材料

◎原木椎茸　２個
◎稲穂　２〜３本
◎ターメリック
◎パプリカパウダー

A

◎魚醤　小さじ１
◎酒　小さじ１
◎みりん　小さじ１

B

◎片栗粉　大さじ１
◎カスリメティ　小さじ１
◎クミン　ひとつまみ

C

◎米油　適量
◎唐辛子　１本
◎潰したニンニク　１個
◎ローズマリーの枝　１本

下準備

◎Aの調味料を合わせて、半分にした椎茸を10分ほど浸けておく。

作り方

①調味料に漬け込んだ椎茸に、Bを合わせた粉を付ける。
②弱火でCの香りをじっくり引き出したら、油以外を取り出し、160℃で2分ほど椎茸を揚げる。
③稲穂も180℃の油で素揚げする。皿に龍勢のように盛り付け、ターメリック、パプリカパウダーをふりかけて完成。

10月9日(祝)雨

時折強く降る雨の中、秩父肉フェスタという野外イベント出店のお手伝い。肉とビールと花火の宴です。

本来は8月開催の予定が、台風の影響で10月になり、雨の中で野外開催。「お客様は来るのかしら?」と初参加の僕は思っていましたが、さすが祭り好き・肉好き・酒好きが多い秩父、たくさんの方々がいらっ

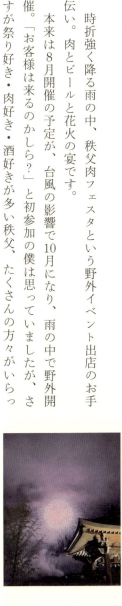

しゃいました。
肉祭りの興奮が冷めやらず、帰っても肉フェスタな一皿です。

しゃぶしゃぶ

材料

◎玉葱スライス　¼個
◎赤キャベツスプラウト　ひとつかみ
◎サラダクレソン　1束
◎牛肉しゃぶしゃぶ用　150g

A

◎クミン　ひとつまみ
◎ニンニク　2個（潰す）
◎唐辛子　1本
◎オリーブオイル　150ml

（仕上げ）

◎ライム果汁　半分

◎イクラ（10月5日に作った金木犀漬け）

下準備

◎野菜は洗って水気を落とす。

作り方

①弱火でAの香りを引き出し、ニンニクと唐辛子を取り出しておく。

②皿に野菜、牛肉などを盛り付ける。

③オリーブオイル（①）を煙が上がるまで熱し、皿に回しかけてライムを絞り、イクラを散らしたら完成。

10月10日（火）晴れと豪雨

昨日が14時間ノンストップの立ち仕事だったこともあり、身体を休める口実で山荘（我が家）に籠っていました。

気持ちよく晴れた一日でしたが、お腹が空いて外に野草を摘みに行こうとする度に、豪雨。神様に「今日は引きこもっていなさい」と言われているようでした。

落花生ご飯

材料

◎バスマティライス　1合
◎生落花生　300g
◎黒胡椒　小さじ½
◎塩　ひとつまみ

A

◎米油　小さじ1
◎フェヌグリーク　小さじ½
◎クミン　小さじ½

下準備

◎バスマティライスは水に浸け、30分吸水させたら水を切っておく。
◎生落花生は殻を剥いてから乾煎りする。

作り方

①Aを弱火で炒め、フェヌグリークがきつね色になったら火を止める。
②バスマティライスと生落花生、スパイス油（①）、黒胡椒、塩を炊飯器に入れ、分量の水を入れて炊いたら完成。

10月11日(水)快晴

澄んだ空気の秋日和。気持ちよく目覚めた朝は得した気分になります。

今日は東京・久我山のスリランカカレーとスパイスのお店「げつようび」さんに誘われて、会食にお出かけです。

僕は電車やバスが苦手で、よく迷子になります。駅横のパーキングに車を停めて電車で向かったのですが、パーキングを使うのも初めてで、料金袋を手作りの箱に投函する支払いシステムに戸惑いました。

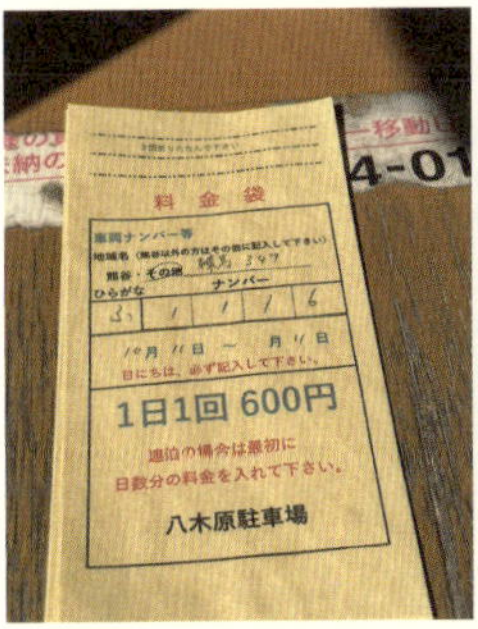

朝のばたばたした合間に飲んだお茶のレシピです。

フレッシュ野草ハーブティー

材料

◎ススキの葉　3枚
◎野薔薇の実　2枚
◎イヌタデの花　4本
◎秋海棠の花　5輪
◎オニタビラコの花　7輪
◎セイタカアワダチソウの花　3本
◎マウンテンミントの葉　8枚
◎レモンバジルの葉　6枚

作り方

①野草を適当に切って、沸騰したお湯を注いで3〜4分ほどで完成。決

まったレシピはないので、その時次第の自由さが楽しいです。

10月12日(木) 晴れ

「装飾用の、小さめの胡桃を拾いたい」そんな要望のゲストがお見えになりました。

秩父界隈は荒川水系の支流がたくさん流れていて、沢沿いに胡桃が多く自生しています。鬼胡桃、沢胡桃、野胡桃と、大きさもまちまちで、拾い歩くのも楽しいものです。

途中で道の駅に立ち寄り、落花生のおおまさりを見つけました。「これでカレー作って～」と言われたので、お作りしました。

おおまさりカレー

材料

◎おおまさり　250g
◎塩　小さじ½
◎胡桃　5個
◎水　250ml

A

◎玉葱　½個（みじん切り）
◎ニンニク　1個（みじん切り）
◎米油　小さじ½

B

◎米油　小さじ1
◎クミン　ひとつまみ
◎イエローマスタードシード　ひとつまみ
◎フェヌグリーク　ひとつまみ
◎唐辛子　1本

C

◎フェヌグリーク　小さじ½
◎ナンプラー　小さじ½

◎煮干し粉　ひとつまみ
◎カスリメティ　ひとつまみ

（ガラムマサラ）
◎カルダモン　1個
◎コリアンダー　小さじ1
◎クローブ　2粒
◎割った胡桃　5個分

下準備

◎おおまさりは殻を剥き、塩（小さじ½）を混ぜた水（分量外の水800ml）で10分ほど茹で、ザルに上げる。
◎胡桃は、中身を取り出す。
◎ガラムマサラの材料（カルダモン、コリアンダー、クローブ、割った胡桃）はミルミキサーで粉にする。

作り方

①Aを弱火寄りの中火で、玉葱が透き通ってフニャッとなるまで炒める。

②Bをテンパリングし、オイルに香りを移す。弱火でパチパチしてきたら、玉葱（①）と水（250㎖）を加えて煮る。
③煮汁（②）と茹でたおおまさり⅓個を、ミキサーにかけて鍋に戻す。
④中身を取り出した胡桃、ガラムマサラ、Cを鍋（③）に入れ、5分ほど煮たら完成。

10月13日（金）快晴

日本百名山のひとつ、両神山の麓にダリア園があります。我が家からも近く、前から気になっていたのですが、初訪問しました。

山々に囲まれる中、パァッと開けた場所が開放的で魅力あふれるシチュエーション。僕は花が大好きなので、食用花のダリアを料理に添えることも多いんです。

秩父郡小鹿野町では食用のダリアを作っているという情報があり、あわよくばと期待していたのですが、ダリア園では扱っておらず残念。それでもこの空間と圧巻のダリアに飲み込まれ、しばらくボーッとしてしまいました。

鰯と梅干のビリヤニ

*湯取り方式で作るバスマティライスの説明は9月27日レシピを参照。

材料

—◎梅干　1個

（湯取りバスマティライス作り）

—◎バスマティライス　半合

A

—◎水　400ml
◎カルダモン　2個
◎ローリエ　1枚
◎黒粒胡椒　ひとつまみ
◎塩　小さじ1/3
◎マスタードオイル　小さじ1/2

（イワシの下処理）

—◎イワシ（小さ目の開き）　3枚

◎マスタードオイル　適量
◎パプリカパウダー　適量
◎クミン　適量
◎塩　適量

B

◎マスタードオイル　小さじ½
◎ニンニク　1個（みじん切り）
◎唐辛子　1本
◎フェヌグリーク　ひとつまみ
◎クミン　ひとつまみ

C

◎トマトペースト　小さじ1
◎煮干し粉　小さじ½
◎水　250ml

（仕上げ）

◎茹でた三峰インゲン　2本
◎マリーゴールドの花びら

下準備

◎バスマティライスを15分水に浸けた後、水を切る。

作り方

①Aをすべて加えて沸かし、バスマティライスを入れ沸騰させる。袋表記の時間どおりに茹でたらザルにあけ、5分くらい米が立つまで放置（9月27日レシピ、作り方4（＊印）参照）。

②イワシは1枚をざく切りにしておく。2枚はマスタードオイルを塗り、パプリカパウダー、クミン、塩をふりトースター（フライパン可）で8割ほど焼いておく。

③Bを弱火でテンパリングしたら、Cと、先ほどざく切りにしておいたイワシ（②）を加える。

④3分ほど煮たら梅干とバスマティライス、8分焼きイワシ（②）を重ね、蓋をして弱火で5分炊き上げる。

⑤仕上げにインゲンと花を添えたら完成。

10月14日(土)晴れのち曇り

秩父の生活では、無性に海の幸が恋しくなったりします。無いものねだりなのか、山や川を眺めながら、海に思いを馳せ、想像すると繋がりが見えてきたりして、海を綺麗で豊かにするには山を育てないといけない、ということに辿り着いたりします。

以前、東京で知り合った、千葉県東金市の鈴木製材所のご夫婦と山と海の話で盛り上がりました。そんな鈴木ご夫妻からいただいた、木のお皿とおがくずを使った一皿です。

薫香秋刀魚ビリヤニ

＊湯取り方式で作るバスマティライスの説明は9月27日レシピを参照。

材料

◎秋刀魚　2尾
◎玉葱　½個（みじん切り）

◎ニンニク　1個（みじん切り）
◎魚醤

（湯取りバスマティライス作り）
◎バスマティライス　半合
◎水　400ml
◎塩　小さじ½

A
◎ローリエ　1枚
◎カルダモン　1粒
◎クローブ　2粒
◎マスタードオイル　小さじ⅓

（ガラムマサラ）
◎スターアニス　⅛個
◎クローブ　2粒
◎コリアンダー　小さじ1
◎クミン　小さじ½
◎ローリエ　⅓枚

◎グリーンフェンネル　ひとつまみ

（グレービー作り）
◎米油　小さじ1
◎イエローマスタードシード　ひとつまみ
◎クミン　ひとつまみ
◎フェヌグリーク　ひとつまみ
◎唐辛子　1本

下準備

◎バスマティライスを水に15分浸けた後、水切りする。
◎ガラムマサラの材料をすべてミルミキサーで粉にする。
◎秋刀魚は軽く水洗いし、塩をふって10分ほど置き、ペーパーで余分な水分をとる。1尾は3枚に下ろして身を細かく刻んでおく。頭、中骨、内臓も使うので残しておく。もう1尾は背開きし、中骨を取る。

作り方

①下処理した秋刀魚の3枚下ろしで、残しておいた1頭と中骨、背開き

にした方の中骨も一緒に120℃のトースターなどで煎餅にする。
②煎餅にした秋刀魚の1頭と中骨のひとつを、ミキサーやすり鉢で細かくしておく。煎餅にした、もうひとつの中骨は仕上げの飾り用に取っておく。
③Aをすべて混ぜた水を沸かして、バスマティライスを入れ沸騰させる。袋表記の時間茹でたらザルにあけ、5分くらい米が立つまで放置（9月27日レシピ、作り方4（＊印）参照）。
④グレービーを作る。グレービーの材料を、鍋にすべて入れテンパリングする。
⑤テンパリングしたオイル（④）に、みじん切りしたニンニクと玉葱を入れ軽く色付くまで炒める。
⑥玉葱が色付いたら、ガラムマサラと水（分量外の水150ml）、刻んだ秋刀魚の身、砕いて細かくした頭と中骨（②）、内臓を入れて5分ほど煮込み、魚醤で味を調える。

お気付きかもしれませんが、この段階でライスとカレーが完成していますが、さらにビリヤニ作りに続きます。

（ビリヤニ作り）

第1段階

⑦グレービー（⑥）とバスマティライス（③）を層にして重ね、弱火で5分ほど蒸してビリヤニを作る。

第2段階

⑧背開きにした秋刀魚にビリヤニ（⑦）を詰め、タコ糸で縛り、軽く秋刀魚に塩をふってから焼き上げることで重厚な秋刀魚のビリヤニに仕上がります（今回は青森ヒバのおがくずで薫香焼き）。

⑨お皿に焼き炊き上げた秋刀魚（⑧）と、仕上げ用に取っておいた中骨煎餅（②）を飾って完成です。

食べる際はタコ糸を切って召し上がってください。

10月15日(日)雨から快晴

強い雨が降る中、東京からふたりのゲストが遊びに来てくれました。高い場所から見る町はすっぽりと雲海に包まれています。濃霧の中、車を走らせていましたが、道を間違えてしまい、たどり着いた場所は「KEiNA」さん。プライベートキャンプ場、カフェ、無農薬栽培畑の複合施設です。

灯が見えたのでコーヒータイムにすることにしました。

雑談している間にすっかり晴れ渡り、草木たちが輝き始めていました。

隼人瓜と菊芋のアチャール

材料

◎隼人瓜　½個
◎塩　ひとつまみ
◎菊芋　隼人瓜と同量

A

◎パプリカパウダー　ひとつまみ
◎スダチ果汁　1個分
◎ライム果汁　½個分

B

◎米油　小さじ1
◎ジンブー　ひとつまみ
◎クミン　ひとつまみ
◎フェヌグリーク　ひとつまみ
◎唐辛子　1本

作り方

①隼人瓜は皮を剥き乱切りにして塩と混ぜる。
②菊芋は乱切りにして1分ほど茹でる。
③Aをすべて混ぜてオイルを作る。
④Bを弱火でテンパリングして、隼人瓜、菊芋、オイル（③）を加えて混ぜ合わせ、味を馴染ませたら完成。

10月16日（月）晴れ時々曇り

僕は、横瀬町の地域おこし協力隊員としても活動しています。町の新しい特産品、観光スポットの開発や関係人口を増やすイベント企画、町での出店などが僕に期待されていることなんです。

この日は芦ヶ久保駅前にある道の駅と繋がった、見晴らし抜群の無料休憩所A-STA.BAを舞台にしたイベントを朝から構想し、わくわく。横瀬川でミゾソバの花を少し摘んだので、昨日いただいた青バナナに添えてカレーを作りました。

青バナナカレー

材料

◎青バナナ（サバ種）　1本
◎玉葱　¼個（みじん切り）
◎ニンニク　小1個（みじん切り）
◎ミゾソバの花（飾り用）

（ガラムマサラ）

◎カルダモン　1個
◎シナモン　小指の爪ほど
◎コリアンダー　小さじ1
◎クミン　小さじ½

（グレービー）

◎ココナッツオイル　大さじ1
◎カレーリーフ　ひとつまみ
◎フェヌグリーク　ひとつまみ

A

◎ココナッツミルク　250ml
◎鰹節　ひとつまみ
◎ナンプラー　適量
◎ミゾソバの葉と茎
◎青唐辛子　1本（輪切り）
◎ターメリック　小さじ½

下準備

◎ガラムマサラの材料をミルミキサーで粉にする。

作り方

①青バナナの皮を剥き、乱切りにする。
②グレービーの材料すべて、テンパリングする。
③テンパリングした鍋（②）に、ニンニクと玉葱を入れて炒める。
④玉葱が透きとおるまで炒めたら、ガラムマサラを加え、Aと乱切りした青バナナ（①）を足して5分ほど煮込む。
⑤器によそい、ミゾソバの花を飾ったら完成。

10月17日（火）晴れ

慣れた街だった東京。出張シェフとして久々に山から下りてきた僕は、懐かしさ、嬉しさと少しの寂しさ、そして新しい何かへのどきどきに包まれていました。

ステキな方々が集まるホームパーティーにお邪魔しました。笑顔がたえない団欒の場で料理を作れる幸せに、身体中の細胞が喜んでいるのが自分でもわかります。

良い体験をさせていただきました。

スパイス香る渋皮煮

材料

◎栗　500g
◎水（栗を鍋に入れてひたひたの量）
◎重曹　小さじ1
◎ブランデー　60ml

A

◎スターアニス　1個
◎シナモン　小指の爪ほど
◎カルダモン　2個
◎黒胡椒粒　小さじ1

◎砂糖　栗の重さの60％
◎水（栗を鍋に入れてひたひたの量）

下準備

◎栗は鬼皮を剥いておく。

作り方

①鍋に鬼皮を剥いた栗と重曹、ひたひたの水を入れ、沸騰したら弱火で10分煮て茹でこぼし、ぬるま湯につけながら竹串で筋などを取り除く。
②鍋でお湯を沸かし、栗（①）を移し入れ、煮汁が透き通ったワイン色になるまで茹でこぼしを繰り返す。
③Aを入れた鍋に栗（②）を加え、弱火で10分煮る。
④ブランデーを（③）に加え、火を止めて一日置いたら完成。

10月18日（水）晴れ

朝晩がすっかり冷え込んだ武甲山の麓。

秩父に移住してから昼寝を覚えたのですが、今まで損していたなってくらい気持ちの良いものですね。シエスタが当たり前に許される平和な世界を夢見ずにはいられません。

気持ちの良い秋晴れを食べたくて作ったレシピです。

ヤーコンと秩父かぼすのカレー

材料

◎ヤーコン　170g
◎玉葱　1/3個（みじん切り）

A（香りオイル）

◎オリーブオイル　大さじ1
◎唐辛子　1本
◎フェヌグリーク　小さじ1/2

◎クミン　ひとつまみ
◎イエローマスタードシード　小さじ½
◎ニンニク　1個（みじん切り）

（ガラムマサラ）
◎カルダモン　2個
◎コリアンダー　小さじ1と½
◎クミン　ひとつまみ
◎ローリエ　1枚

（仕上げ）
◎秩父かぼす　1個分の果汁
◎塩　適量

下準備

◎ガラムマサラの材料をミルミキサーで粉にする。

作り方

①ヤーコンの皮を剥いてサイの目切りにし、400mlの水に入れて柔らかくなるまで煮る。
②別の鍋にAを入れ弱火でテンパリングしたら、みじん切りした玉葱を加え透きとおるまで炒める。
③炒めた玉葱（②）にガラムマサラを加え混ぜ、さらに炒める。
④玉葱（③）とヤーコンを茹で汁ごと（①）合わせ、3分ほど煮て馴染ませる。
⑤かぼすの果汁を加え、塩で味を調えたら完成ですが、今日の気候に合わせてサラリ爽やかな舌触りにしたかったので、ミキサーにかけてから盛り付けました。
トッピングは冷蔵庫の余り惣菜です。

10月19日（木）晴れのち薄曇り

移住と言えば聞こえはいいかもしれませんが、僕の場合、「苦しくて山籠りした」が8割くらいです。問題解決には程遠く、心が不安に取り

憑かれると苦しいだけだから、新しい暮らしを創り出しながら何とか過ごしている、というのが本音です。

いろいろと悩んだ時、開けた眺めや大きな空、日光浴ができる場所があるのは幸せなこと。そんなスポットのひとつ、寺坂棚田に「ありがとう」の想いを込めて作った一皿です。

10月の棚田ポテト

材料

◎ジャガイモ　200g
◎パセリ　20g
◎片栗粉　大さじ1
◎塩　ひとつまみ

A

◎カレー粉　小さじ½
◎溶かしバター　30g
◎お好みでチリパウダー

作り方

①ジャガイモは茹でてマッシュする。
②パセリは細かくみじん切りする。
③マッシュしたジャガイモ、パセリ、Aをすべて混ぜたら、適当に丸くして片栗粉をまぶし、ワッフル型で焼いたら完成。ふわふわが好きならそのまま、外をカリカリにするならオリーブオイルをふりかけて焼いてみてください。

10月20日（金）晴れ

料理というものはなかなかの重労働で、世の主婦・主夫には頭が上がりません。

朝から食材を採取し、仕入れに回り、ドライブスルーに立ち寄って移動しながら朝昼兼用ご飯を済ませ、仕込み始めて7時間。かれこれ15時間は働いている。

それというのも、明日のイベント用にカレーを用意せざるを得ないからです。しかも立場上、利益を求めてはいけない案件。料理人として手

を抜けないのが辛い。
まだ3、4時間は仕込みが続く。みなさんそうだと思うけど、仕事って大変ですね。
ご紹介するレシピは、それでも食べ手を思って作った副菜です。

マサラ炒り銀杏

材料

◎銀杏　ひとつかみ
◎塩水（銀杏の重さの10％ほど）

A

◎クローブ　2個
◎スターアニス　½個
◎クミン　小さじ½

下準備

◎銀杏はペンチなどで殻に亀裂を入れる。塩水に半日漬け込む。

作り方

①Aをミルミキサーで粉にする。

②塩水から銀杏を取り出し、耐熱容器に入れ、分量外の塩ひとつまみ、スパイス粉（①）をまぶして600wの電子レンジで3分加熱したら完成。

穂紫蘇ピクルス

材料

◎穂紫蘇　ひとつかみ

A

◎塩　ひとつまみ

◎パプリカパウダー　小さじ1

◎レモン汁　小さじ1

◎ホワイトバルサミコ酢　大さじ1

サツマイモのスパイス金平

材料

◎サツマイモ　200g

A

◎ココナッツオイル　大さじ1と½
◎唐辛子　1本
◎イエローマスタードシード　小さじ1
◎ジンジャー　小さじ1（指で擦り潰す）
◎ローズマリー　1枝
◎フェヌグリーク　小さじ½

B

◎甜菜糖　小さじ1
◎ナンプラー　小さじ1
◎酒　大さじ1

作り方

①穂紫蘇をばらし、葉は適当に刻む。
②Aと穂紫蘇（①）をすべて混ぜ合わせたら完成。

作り方

①サツマイモはスライスして千切りにする。
②Aをすべてテンパリングし、香りを出す。サツマイモ（①）を入れ、透きとおるまで炒める。
③Bを加え、水分がなくなり全体に味が馴染んだら完成。

アケビ共和え味噌炒め

材料

◎アケビ　300g

A

◎米油　大さじ1
◎唐辛子　1本
◎クミン　小さじ½
◎イエローマスタードシード　小さじ1

B

◎麦味噌　大さじ3（お好みの味噌で可）
◎甜菜糖　大さじ1

◎たまり醤油　小さじ1
◎酒　大さじ2

作り方

①アケビを皮と中身に分ける。皮は半分に切り、水から2分茹でてザルに上げ、水気を拭き取りざく切りにする。中身はザルで種を漉し、白い果肉だけにする。
②Aをテンパリングし、香りを出したらアケビの皮（①）を入れ、全体にオイルを纏わせるように炒める。
③Bを加え、汁気が無くなるまで炒めたら火を止めて、アケビの中身と混ぜたら完成。

10月21日(土)快晴

僕の顔は、丸の中に2本の線（目）を描けば似顔絵が完成するほど単純です。

2時間弱ほどの睡眠しかとれず、自分でも驚くくらいの線丸顔で臨ん

だ野外イベント。

ひとつひとつの食材が持つ物語や、香りを含む情景を一皿に表現するのが「独歩ちゃんカレー」なんだけど、情報量が多すぎて説明を簡潔にできないのが悩み。食べた後に質問が多いのは嬉しいんだけど、山籠りおじさんの僕は普段喋る相手が動植物だから、いつも喉が枯れてしまうのです。

イベント後、ひとりで夕焼けを眺め、「次はこの夕焼けを一皿にしたい」と思う僕でした。


寺坂棚田から望む爽やかな秋晴れと、町の風景を味覚にしたカレー

材料

◎柿　2個
◎花咲山どぶろく　400ml
（甘酒でも可）

A

◎秩父かぼす　大1個（柑橘もしくはリンゴ酢などでも）

（テンパリング）

◎米油　大さじ1
◎カルダモン　2個
◎コリアンダー　小さじ1
◎クミン　小さじ½
◎イエローマスタードシード　小さじ½
◎唐辛子　1本

B

◎玉葱　¼個（みじん切り）
◎ニンニク　1個（みじん切り）
◎生姜　ニンニクと同量（みじん切り）

（ガラムマサラ）

◎ローリエ　1枚
◎コリアンダー　大さじ1
◎カルダモン　2個
◎グリーンフェンネル　小さじ½

作り方

①柿は皮と種を取り、一口サイズのざく切りにする。
②鍋を弱火にかけAを入れ香りを出す。
③テンパリングしたオイル（②）にBを入れ、玉葱が透き通ってクタッとなるまで炒めたら、柿（①）を加え、全体にオイルを纏うように炒める。
④どぶろくを注ぎ、ガラムマサラを入れて10分ほど中火で煮て、柿が柔らかくなったらミキサーにかけ鍋に戻す。
⑤秩父かぼすの果汁を絞る。皮を針切りにする（量はお好みで）。鍋（④）に加えて塩で味を調えたら完成。

10月22日(日)快晴

今日はYouTube撮影案件でした。2回目の撮影で、「何かと情報量が多い僕の活動だから、今回は身近でわかりやすい食草を撮らせてほしい」とのご要望でした。

選んだ食材はタンポポ。春、一斉に咲き出すタンポポとは違う秋のタ

ンポポを野外でレクチャーしながら、しっかり秋の味覚にするミッション。

さて、どんな映像になるのか楽しみです。

秋のタンポポカレーパスタ

材料

◎玉葱　1/3個（みじん切り）
◎ニンニク　1個（みじん切り）
◎スパゲットーニ　120g

（下ごしらえ）
◎タンポポ　4株ほど（全草）

（ガラムマサラ）
◎コリアンダー　大さじ1
◎クミン　小さじ1/2

◎グリーンフェンネル　小さじ½
◎シナモン　小指の爪ほど
◎ローリエ　1枚

A

（テンパリング）
◎オリーブオイル　小さじ1
◎クミン　小さじ½
◎コリアンダー　小さじ1と½
◎唐辛子　1本

B

（ペーストにする）
◎水　150ml
◎豆乳　150ml
◎しょっつる　小さじ½
（デュカ）複数のスパイスやナッツ類を合わせたシーズニングソルト

C

◎沢胡桃　4個（中身だけ）
◎ムカゴ　10個（茹でたもの）
◎クミン　小さじ½
◎グリーンフェンネル　ひとつまみ

◎コリアンダー　小さじ1
◎塩　ひとつまみ
◎セイタカアワダチソウの花　小さじ1

（金木犀シロップ）
◎水　100ml
◎グランマルニエ　50ml
◎金木犀の花　小さじ1

D

（ガーリックタンポポオイル）
◎オリーブオイル　大さじ1と½
◎ニンニク　1個（潰す）

（盛り付け）
◎生の野薔薇ローズヒップ　5個ほど

下準備

◎タンポポは、よく水洗いして水気を拭き取る。葉、根、茎、花とそれぞれ分けておく。お湯を沸かし、茎と葉を茹で、冷水で色止めしてお

く。根は小口切りに、花は花弁だけ切っておく。
◎ガラムマサラはミルミキサーで粉にする。

作り方

①Aを火にかけ弱火でテンパリングし、香りを引き出す。そこに玉葱とニンニクを加えて、玉葱が透き通って甘みと少しの苦味が混在したところで、茹でたタンポポの茎と葉を加える。
②テンパリングオイル（①）に、粉にしたガラムマサラとBを加え、混ぜ合わせて3分ほど煮たら、ミキサーでペースト状にする。タンポポカレーの出来上がり。
③Cをすべて、すり鉢などで軽く合わせデュカを作る。
④金木犀シロップを作る。水とグランマルニエを沸かしてから金木犀を入れ、弱火で2分ほど煮詰めたら冷ましておく。
⑤スパゲットーニを袋表記の時間茹でる（茹で汁100mlは後で使うので残しておく）。
⑥タンポポの根とDを弱火にかけ、ガーリックタンポポオイルを作る。茹で上げたパスタと茹で汁（⑤、100ml）を入れ、ソースが乳化するまでフライパンで揺すりながら混ぜる。

⑦スパゲットーニ（⑥）を皿に乗せ、タンポポカレー（②）をかけ、デュカ（③）、タンポポの花、ローズヒップを散らして最後に金木犀シロップ（④）をお好みの量かけたら完成。

10月23日（月）晴れ

今日もいい天気だ。

明日いらっしゃるベビー連れのゲストから「秋を散策したい」「焚き火、、、リヤニを作って欲しい」とのご要望をいただいているので、現場の下見に行ってきました。

道すがらに落ち葉や伸びた草を一所懸命に掃除しているおばあちゃんがいた。「こんにちは。綺麗にしていただいてありがとうございます」と声をかけた後、ふたりで地べたに座り込んで40分ほど喋った。青空と秋桜を眺めながら、たくさんたくさんお話をして楽しかったな。

もうじき100歳のおばあちゃんから秋桜をお裾分けしていただいたので、帰ってコンフィチュールを作りました。

秋桜と梨のコンフィチュール

材料

◎秋桜の花びら　27輪分（22g）
◎グランマルニエ　大さじ1
◎グラニュー糖　44g
◎レモン果汁　大さじ1
◎梨　½個（70g）（擦り下ろす）

A

◎水　130ml
◎カルダモン　1個
◎クローブ　2粒
◎シナモン　小指の爪ほど

下準備

◎秋桜を水でさっと洗い、花びらを取る。水気はそこまで気にしなくても平気です（洗いすぎると香りが消えます）。秋桜、グランマルニエとグラニュー糖を混ぜ合わせて、10分ほどおく。

作り方

①鍋にAを入れ沸騰させたら、弱火で3分ほど煮出してスパイスを取り除く。

②秋桜、レモン果汁、梨をスパイス湯（①）に入れる。沸騰したら100℃（ポコポコ沸いた状態）で灰汁を掬いながら焦がさないように、ジャムよりゆるい濃度まで煮詰めたら保存容器に移し、冷めたら完成。

10月24日（火）晴れ

赤ちゃんは諦めない。
赤ちゃんは弛まぬ努力をし続ける。
赤ちゃんは好きなことしかしない。
きりがないほど魅力的な生命体、赤ちゃん。
僕もだらしない顔でメロメロです。

茸の焚き火リヤニ

＊湯取り方式で作るバスマティライスの説明は9月27日レシピを参照。

材料

◎茸数種類　500g
（今回は舞茸、平茸、大しめじ、椎茸）
◎トマトピューレ
大さじ1と½
◎トマト　中1個

（湯取りバスマティライス作り）
◎バスマティライス　1合
◎椎茸の戻し汁（水800ml、干し椎茸20g）
◎塩　小さじ1
◎ローリエ　1枚
◎カルダモン　2個

A

◎シナモン　小指の爪ほど
◎米油　小さじ1

（ガラムマサラ）
◎クミン　小さじ1
◎コリアンダー　大さじ1
◎ローリエ　1枚
◎シナモン　小指の爪ほど
◎クローブ　4粒
◎カルダモン　2個
◎黒粒胡椒　小さじ1
◎グリーンフェンネル　小さじ½

B
◎洋梨　½個（さいの目切り）
◎グリーンフェンネル　小さじ1
◎ホワイトバルサミコ酢　大さじ2

（グレービー）
◎米油　小さじ1

◎唐辛子　2本
◎カルダモン　1個
◎スターアニス　1個
◎クローブ　2粒

C

◎玉葱　1個（みじん切り）
◎ニンニク　2個（みじん切り）
◎生姜　ニンニクと同量（みじん切り）

D

◎水　500ml
◎しょっつる　小さじ1

E

◎マスタードオイル　大さじ1
◎ニンニク　1個（潰したもの）
◎ローズマリー　2枚

（盛り付け）

◎カスリメティ　大さじ1
◎タイム　大さじ1（切ったもの）

下準備

◎干し椎茸は一晩水（分量外の水800ml）で戻す。椎茸の戻し汁は捨てずに残しておく。
◎茸数種類（500g）を一日陰干しする。それぞれ食べやすいように切ったりバラしたりする。
◎バスマティライスは一晩吸水させてから、ザルで水気を切る。
◎ガラムマサラの材料をミルミキサーで粉にする。

作り方

①Aを沸かしてからスパイスを取り除き、バスマティライスを入れ沸騰させる。袋表記の時間茹でたらザルにあけ、余分な水分をしっかり取り除くとパラパラした米になる（9月27日レシピ、作り方4（＊印）参照）。
②付け合わせのトマト半分をさいの目切りにする。残り半分は串型切りにしておく。
③Bはよく混ぜ合わせておく。
④グレービーの材料をすべて入れ、テンパリングして香りを出す。
⑤テンパリングオイル（④）にCを加えて中弱火できつね色になるまで炒め、トマトピューレ、ガラムマサラ、一晩干した茸数種類（500g）

を加える。
⑥火が通ったらＤを加え、水分が半量になるまで中火で煮込む。
⑦別の鍋にＥを入れ、弱火で焦がさないように香りを出しローズマリーオイルを作る。グレービーの茸たち（⑥）の半量を取り出し、このオイルと混ぜ合わせておく。
⑧鍋にグレービー（⑥）、バスマティライス、串型切りトマト（②）、グレービー（⑥）、バスマティライスの順で重ね入れる。ローズマリーオイルと合わせた茸（⑦）を中央に盛り、周りに付け合わせの梨（③）、さいの目切りにしたトマト（②）、カスリメティ、タイムを飾り、蓋をして焚き火で蒸し上げたら完成。

10月25日（水）曇りのち晴れ

朝からバタバタと忙しい一日。

明日の野外独歩ちゃんの下見に始まり、役場にて地域おこし協力隊の打ち合わせ。その後、食材の仕入れに回り、新規事業の相談で商工会議所へ。それから畑の管理に必要な資材を買いに行く。

ふーっと息抜きに立ち寄ったのが、秩父駅前にあるTAKIBIYAさん。焚き火周りの痒いところに手が届きすぎる物欲MAXなお店なのです。店主ゆかちゃん（強面）との夢の語らいは、酒を酌み交わしているような不思議さがあり、居心地が良い。新しいガジェット（ランプ）を手に入れた僕は、この灯で呑みたいの一心。

なので今日のレシピは美味しい肴です。

牡蠣スパイスオイル漬け

材料

◎加熱用牡蠣　500g
◎オイスターソース　大さじ1
◎オリーブオイル　大さじ2

A

◎唐辛子　1本
◎ニンニク　1個（潰す）
◎コリアンダー　小さじ1
◎黒粒胡椒　小さじ½

◎スターアニス　½個
◎ローリエ　1枚

作り方

①加熱用牡蠣は塩水で洗い、キッチンペーパーでしっかり水気を取る。
②弱火でAをテンパリングしたら、水気を取った牡蠣（①）を入れ、ぷっくり膨らむまで強火で炒める。
③火を中火に落とし、オイスターソースが牡蠣（②）に絡むように炒めたら、牡蠣を取り出し、バットなどに広げて熱の入りすぎを防ぐ。
④冷めたら保存容器に入れ、ひたひたになるまでオリーブオイルを足す。1週間ほど寝かせると味が熟成されます。

柿と牡蠣の白和え

材料

◎柿　1個
◎クミン　小さじ½

A

◎サワークリーム　大さじ2と½
◎牡蠣スパイスオイル漬け　5個
◎漬け込んだオイル　小さじ1

B

（仕上げ）
◎フレッシュタイム　適量
◎ランタナの花　適量

作り方

①柿は皮と種を取り除き、1センチの角切りにする。
②フライパンでクミンが薄茶色になるまで乾煎りする。
③Aと（①②）をざっくりと混ぜ合わせれば、白和えの完成。
④白和え（③）にBを飾り付ける。

10月26日(木)晴れ

今日のゲストはダンサー、鍵盤奏者、パティシエの3人組。気持ち良い秋晴れの中で、里山に自生する野草をたくさん摘みました。ヨモギ、クレソン、タンポポ、セイタカアワダチソウ、ヒメジョオン、ギシギシ、カキドオシ、ヒメオドリコソウ、ムカゴ、カラスノエンドウ、クワの葉、沢クルミ、ツルマンネングサ、シロツメグサ、オキザリス。それと出汁を取るためのススキ、アブラチャン、杉。中でもみなさんが夢中になって取っていたのがムカゴ。

昔サルだった名残りでしょうか？　この手の食材や豆を集める時、人は一心不乱になります。

ムカゴ

材料

A

◎ムカゴ　30個ほど
◎塩　ひとつまみ
◎ターメリック　小さじ⅓
◎半熟スダチ　1個
（緑から黄色に熟す過程で、柔らかな酸味に変わっていきます）

B

（テンパリング）
◎オリーブオイル　大さじ1
◎コリアンダー　小さじ1
◎黒粒胡椒　小さじ½
◎クミン　小さじ½
◎唐辛子　1本

（仕上げ）

◎スダチの皮　½個分
（グレーターなどで削るか、針切りしたもの）

◎タンポポの花　１輪分

下準備

◎ムカゴは塩茹でしておく。

◎Ａをすべて混ぜ合わせ、10分ほど味を馴染ませておく。

作り方

①弱火でＢの香りを引き出したら、オイルが熱いまま味の馴染んだムカゴと合わせる。

②飾り付けにスダチの皮とタンポポの花弁を散らしたら完成。

10月27日（金）晴れ

今朝は、山荘の真横で大きな発砲音が鳴り響きました。最近頻繁に見かけていた猪たちは、ちょっと危険な状態。近くの子どもたちの登下校や周りの畑を心配していたところでした。

仕留めたのは町民と行政のパイプ役、狩猟歴50年弱の加藤伯及さん。80kg未経産の猪。少しだけ運ぶのを手伝わせていただきました。

僕は料理人だから、常に畏敬の念を持って動植物の命に関わっています。僕個人は欲望のままに命の搾取はしません。とはいえ、生きることは他の命を自身に宿し、紡ぐ行為でもあるので、お命を「いただきます」と必ず唱えて料理を作り、食事をします。

僕は命と命を繋げる仕事に誇りを持っていますし、どうせなら美味しく、楽しく、決して仰々しくならずありがたくを心掛けて、これからも生きていこう。

そう誓って猪に手を合わせました。

蒸し牡丹包み

＊湯取り方式で作るバスマティライスの説明は9月27日レシピを参照。

材料

（包む皮を作る）
◎浮粉　50g（コーンスターチで代用可）
◎片栗粉　10g
◎ラード　2g
◎水　80ml
◎サフラン　0・1g
◎玉葱　1/4個（みじん切り）

A

（テンパリング）
◎胡麻油　小さじ1と1/2
◎ブラウンマスタードシード　小さじ1/2
◎クミン　小さじ1/2
◎ニンニク　1個（みじん切り）
◎生姜　ニンニクと同量（みじん切り）

（牡丹の具を作る）

◎牡丹肉　120g（みじん切り）
◎卵白　1個
◎塩胡椒　適量

B

◎タイム　1g（みじん切り）
◎白菜　30g（みじん切り）
◎片栗粉　8g

（木茶で炊く湯取りバスマティライス作り）

◎バスマティライス　大さじ5
◎塩　ひとつまみ
◎ローリエ　1枚
◎カルダモン　1個
◎クローブ　2粒
◎水　500ml

C

◎杉　若緑の先の方10cmくらい
◎アブラチャンの葉と枝　実の付いたところを15cmくらい
◎ススキの葉と茎　30cmくらいのものを2本分

D

（ソース）
◎塩　小さじ1
◎SB赤缶　ひとつまみ
◎ターメリック　小さじ½

（飾り付け）
◎辣油　数滴
◎オキザリスの蕾　好きなだけ

下準備

◎水（80ml）にサフランを20分浸けておく。

作り方

①浮粉と片栗粉をよく混ぜる。
②色を出したサフラン水を沸騰させ、粉（①）と手早く混ぜ合わせる。馴染んだらラップをし、15分ほど寝かす。
③生地（②）をよく捏ねてから麺棒で伸ばし、ラードを包みながらさら

に捏ね、再び麺棒で伸ばす。
④セルクルなどで型抜き、もしくは小分けして伸ばして包む皮を用意しておく。生地は乾燥しやすいのでラップしておく。
⑤鍋を用意し弱火でAの香りを出す。そこにみじん切りした玉葱を加え、2分ほど炒める。
⑥牡丹肉と塩胡椒、卵白を混ぜ、肉に下味を付ける。テンパリングオイル（⑤）とBをすべて混ぜ合わせ、30分ほど寝かせる。
⑦木茶を作る。Cをすべてざく切りにし、水（500ml）に入れ沸騰したら、ポコポコ波打つ中弱火で4分ほど煮出し、ザルで漉す。
⑧木茶でバスマティライスを炊く。木茶（⑦）に塩ひとつまみ、ローリエ、カルダモン、クローブを入れ、沸いたらスパイスを取り除きバスマティライスを入れる。10〜13分ほど茹でたらザルにあける。残った木茶は取っておく（9月27日レシピ、作り方4（＊印）参照）。
⑨ソースを作る。Dと茹でたバスマティライス（⑧）、木茶（⑧）適量をミキサーでペースト状にする。水分が足りない時は木茶（⑧）を足しながら調整してください。
⑩皮（④）で牡丹の具（⑥）を包み、蒸し器で10〜15分蒸す。
⑪お皿にソース（⑨）、牡丹包み（⑩）、オキザリスの蕾を飾り、辣油を

——数滴垂らしたら完成。

10月28日（土）薄曇り通雨

僕の山荘にあるモノたちは、時を重ねたアンティークが多いんです。今まで訪れたショップの中でも、僕に一番フィットしたのが「店なし雑貨屋の店」。

今日は新しく始めようとしているキッチンカーの備品と出逢いたくて訪れましたが、やってしまった。気を付けてはいたが、高価なモノに傷を負わせてしまったのです。謝罪と買取を申し出ると「傷を含めた物語を購入される方ばかりなので、ご安心を」とのこと。

泣いた。店主に惚れなおしちゃいました。

寛大な心に癒されながらも、買い取らなかった自分を後悔しました。すぐに無くならないと思うので、次にお邪魔したら買おうと思います。

予算を貯めるべく、粟の原種を摘んで、ふりかけご飯で質素にやりくりするぞ。

猫じゃらしふりかけ

材料

（ネコジャラシの下ごしらえ）
◎ネコジャラシ　適量

A

◎かつおぶし　適量
◎昆布　適量
◎塩　適量

（基本の独歩マサラ）
◎コリアンダー　大さじ3
◎クミン　小さじ1
◎黒粒胡椒　小さじ1
◎グリーンフェンネル　小さじ1
◎カルダモン　2個
◎スターアニス　1個
◎クローブ　3粒
◎シナモン　小指の爪ほど

◎ローリエ　2枚

下準備

◎ネコジャラシの下ごしらえをします。熟していればポロポロ採れますが、若いものは逆さに干しておくと良いです。フライパンに入れ極弱火で乾煎りすると、毛の部分と種子に分かれるので、ピンセットで毛を取り除きます。

作り方

①Aすべてと下準備したネコジャラシを、フライパンで混ぜながら煎るだけで完成です。何でも足せば足すほど豪華に美味しくなります。
②独歩マサラの材料をすべてミルミキサーで粉にする。
③（①②）をよく混ぜたら出来上がり。

10月29日(日)晴れ

朝6時から定期的に段雷が鳴り響く。祭の多い秩父界隈ではこれが日

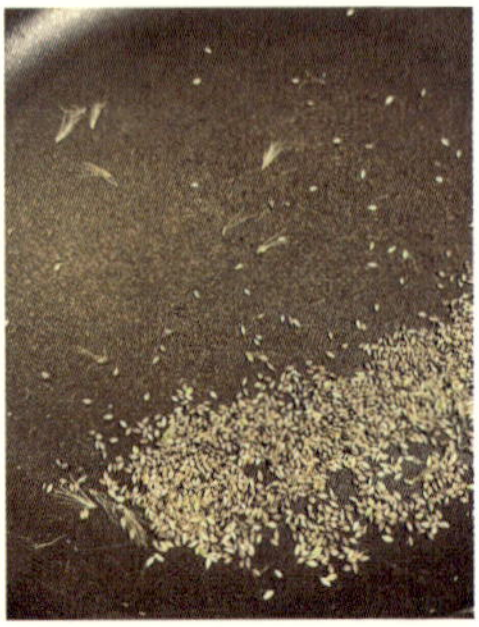

常ですが、今日は4年ぶりに開催の「第46回よこぜまつり」でした。

横瀬町最大のイベント。しかも僕は未体験。となれば行くしかないのだが、昼から別件で東京にも行くから慌ただしい。

9時から始まった祭りをひととおり覗き、後ろ髪をひかれながら苦手な電車に乗り込み、リサーチ案件へ。企画段階なので内容は割愛しますが、何かが生まれそうな予感でわくわくでした。

帰りの電車はちゃんと乗り換えできず、すっかりタイムロスをしましたが、横瀬駅に着くと美しい満月が出迎えてくれました。東京でご一緒した方に、栗の炊き込みご飯で作ったおにぎりをいただいたので、銀木犀の香りを添えたちょい足しレシピのご紹介です。

銀木犀スパイスディップ

材料

◎銀木犀　適量
◎シャインマスカット　1粒

A

（テンパリング）
◎オリーブオイル　大さじ3
◎唐辛子　2本
◎生姜　5g（みじん切り）
◎シナモン　1g

B

◎トマトピュレ　大さじ1と½
◎アーモンド　5粒
◎麦味噌　小さじ½
◎水　大さじ2

下準備

◎銀木犀は水洗いしてキッチンペーパーで水気を切る。

作り方

①弱火でAの香りを出す。
②テンパリングオイル（①）とともに、Bをミキサーなどでピュレにする。
③シャインマスカットの皮を剥き、スライスする。

④器にスライスマスカット（③）、ピュレ（②）、スライスマスカット（③）の順に盛り、銀木犀を飾り付けたら完成。

10月30日（月）晴れのち曇り

昨日、今日と慌ただしい一日が続きました。山野草ハーブの小さな畑を作ろうとしているのですが、どうせなら道行く人が立ち寄れるガーデン形式にしたく、畑を貸していただいている大家さんにイメージスケッチを見てもらい承諾をいただけました。ラッキー1。

資材の下見に行く途中、立派なザクロが生っているのを見つけたので、持ち主に交渉し、ひとつ分けていただきました。ラッキー2。

資材の値段に頭を悩ませていたところに電話が鳴り、「先約が購入保留になったので見に来ますか？」。掘り出しモノをゲットしちゃいました。ラッキー3。

帰り道、オレンジ色に輝く大きなお月様と目が合い、深く感謝をした一日でした。

沸騰ハリッサザクロ

材料

—◎クスクス　50g

（グリーンソース）

◎カキドオシ
（フライパンで乾煎りしたもの）
ひとつまみ
◎レモンバジル、パクチー、
マウンテンミント　全部で20g
◎カシューナッツ　10g
◎玉葱　30g（みじん切り）
◎オリーブオイル　大さじ2
◎塩　ひとつまみ

（沸騰ハリッサ）

—◎水　150ml

A

◎塩　ひとつまみ
◎コリアンダー　小さじ1
◎パプリカパウダー　小さじ1
◎クミン　小さじ½
◎唐辛子　2本（辛いのが苦手なら、なくても可）

（飾り付けは適量お好みで）

◎ミックスナッツ（素焼きが良い）
◎トリュフ塩
◎剥いたザクロ
◎ヨーグルト（湯田ヨーグルト無糖を使いました）
◎オキザリスの葉と鞘
◎コスモスの花弁
◎日々草の花
◎アリッサム

作り方

①グリーンソースの材料を、すべてミキサーにかけてピュレにする。

②唐辛子をフライパンで乾煎りし、全体が真っ黒になるまで焼いたらコリアンダー、クミンとともにミルミキサーで粉にする。
③水・塩・パプリカパウダーと（②）を一緒に鍋に入れ、沸いたら弱火にして100mlになるまで煮詰める。
④鍋（③）にクスクスを入れ、袋表記に従い蒸らす。
⑤フライパンで少し焼き色が付くまでミックスナッツをローストし、トリュフ塩と混ぜておく。
⑥お皿に沸騰ハリッサ味のクスクス（④）、グリーンソース（①）、その他を盛り付けて完成。食べる時に柑橘で味変を楽しんだり、サラダ感覚で何を入れても美味しいですよ。

10月31日（火）雲の多い晴れ

旅立ち

大切を失う時

つらくてつらくて　それでも耐え
もう壊れていることに
心は気づかない　自分じゃ気づけない
うずくまって無くなりたいけど
ぐちゃぐちゃになりながら歩むしか道は開けない
幾度も幾度も経験した孤独感を
笑うために。

２０２２年10月31日に、僕がInstagramに投稿した文章です。日本全国食べログで15年連続、中野区飲食店でＮｏ.１を取り続け、日本全国90万店舗の中からわずか０・０００５％しか辿り着けない食べログアワードを二度受賞した店「久遠の空」の閉店を決めた日の投稿でした。

あれから１年。

笑っちゃうくらいポンコツな時間を過ごしている自分が悲しくもあり、全然生活が楽にならず野草ばかり食べているなと本気でウケている。

数字や契約書に弱い僕は、ある銀行借入案件のミスで４００万円の一括返済を迫られていたが、無いものは無い。無理なのです。このまま家を失うのかと腹を括っていたら、一本の電話が会計事務所からかかって

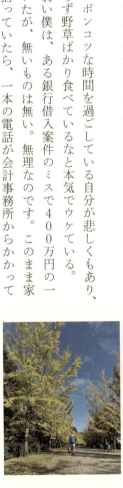

きた。

「応援したいので貸しますよ」

涙が溢れた。

出先で人々がいるにもかかわらず、スマホを耳に声を震わせ、泣きながら「ありがとうございます」と深くお辞儀をしている僕がそこにいました。

心は常に緊張していて、ボロボロの自分は本当に本当にたくさんの方々に支えられて今日を迎えています。

ありがとうございます。

明日は2万円のコース料理をゲストにご用意しなきゃいけないので、頭の中では料理を考えつつ、心の中で深い感謝が溢れた今日でした。

子持ち鮎のハーブ巻き

材料

◎子持ち鮎　1匹

（ガレット生地）

◎そば粉　30g
◎水　80ml
◎塩　1g

A

◎炭酸水　200ml
◎おろし生姜　3g
◎カルダモン　1個
◎シナモン　小指の爪ほど
◎スターアニス　½個
◎米酢　大さじ1
◎甜菜糖　大さじ1

B

◎酒　大さじ1と½
◎醤油　大さじ1

◎みりん　大さじ1

（巻くハーブ）お好きなものを好きなだけ巻きましょう。

今回は、

◎パクチー
◎タイム
◎レモンバジル
◎アリッサム
◎ベゴニア

下準備

◎ガレット生地の材料を、よく混ぜて冷蔵庫で一晩寝かせる。
◎子持ち鮎は、塩をまぶして軽くこすり、水洗いしてキッチンペーパーで水気を取る。
グリルで10分ほど焼いておく。

作り方

①Aを鍋に入れ、一煮立ちしたら焼いた鮎を入れる。落とし蓋をして弱

火で30分。
②鍋（①）にBを加え、さらに10分弱火で煮る。
③一晩寝かせたガレット生地を焼きます。キッチンペーパーにオリーブオイルを含ませてフライパンに塗り、弱火にかけて生地を焼く。表面が乾いたら焼き上がり。
④お皿にガレット、鮎、ハーブを乗せれば完成です。巻きながらかぶりつくのが美味しいです。

11月

11月1日（水）晴れ

真面目に越したことはないんだけど、真面目すぎて意固地になってしまう人や壊れてしまう人をたくさん見てきた。僕自身もそうなりやすいから「いい加減」を身に付けたのかもしれない。料理も抜きどころが大切だったりしますしね。

焼き芋アイスとモンブランのパルフェ

材料

◎グラノーラ（市販のもの）

（焼き芋アイス）

◎サツマイモ　1本（260gでした）

A
◎生クリーム　200ml
◎メープルシロップ　大さじ3
◎塩　ひとつまみ

（モンブラン）

◎ラム酒　20ml
◎カルダモン　2個（中身だけ）

B
◎茹で栗　200g（ペースト状にしておく）
◎溶かしバター　50g
◎甜菜糖　30g

（飾り）
◎シュレッドチーズ　10g
◎チェリーセージの花
◎コスモスの花弁
◎モヒートミントの新芽
◎栗の渋皮煮（10月17日参照）

作り方

①サツマイモは水から茹で、沸騰したら弱火にし、竹串が抵抗なくスッと通ったら鍋から取り出す。
②手で半割りにしてデコボコを作り、トースターなどで焦げ目が付くまで焼く。
③Aとサツマイモ（②）を皮付きのまま、フードプロセッサーなどにかけペースト状にしたら、冷凍庫でアイスにする。
④モンブランを作る。ラム酒にカルダモンを入れ、極弱火でアルコールを飛ばしつつ香りを出す。
⑤Bと（④）を混ぜ合わせて、シノワ（無ければ細かい目のザルなども可）で

裏漉ししたらモンブランの完成。
⑥フライパンを弱火にかけて、飾り用のシュレッドチーズをパリッと焼く。
⑦器にグラノーラ、焼き芋アイス（③）、焼いたチーズ（⑥）、モンブラン（⑤）、残りの飾りを添えたら完成。

11月2日(木)晴れ

朝一で秩父警察署。キッチンカーの車庫証明書を申請し、明日の仕入れに回る。

山梨県・塩山のワインヌーボー祭りは3回目の参加。毎回来ていただけるファンの方々に、フレッシュなワインとともに喜んでいただけるようにと「あーでもない、こーでもない」となかなか決まらずオーバーヒート気味になり、ひと息入れに秩父ミューズパークの銀杏並木を歩く。リフレッシュのおかげで、良いメニューがぼんやり浮かんだので「よし、仕込みながら完成させるぞ」と車に乗り込みエンジンをかけると電話が鳴った。「車庫証明申請の場所を確認したところ、荷物が置いてあ

るので許可できません」と……。

まさかこんなに早く現場確認されるとは（まぁ僕が悪いのですが）。お手間をとらせてごめんなさいと謝りつつ、仕込みそっちのけでウッドデッキの解体作業を始めました。日が落ちてすっかり暗くなる頃、なんとか駐車スペースを確保できた。

だが、しかし。明日の仕込みは1ミリも出来ていない。あ〜、また寝れない。

夜食麺

材料

◎白石温麺　100g（素麺などで可）
◎あと足しの熱湯　200ml

A

（スープの素）
◎シンチャオサテトム　5g（市販のベトナム調味料）
◎ラード　5g
◎胡麻油　小さじ½

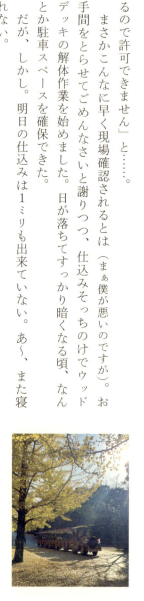

◎煮干粉　1g
◎甜麺醤　3g
◎柚子胡椒　2g
◎中華万能調味料ソフトタイプ　3g
◎基本の独歩マサラ　ひとつまみ（10月28日参照）
◎熱湯　50ml

B

（トッピング）お好きなもの
今回は、
◎梅干し
◎パクチー
◎炒りごま
◎ちぎった海苔

作り方

①A（スープの素）をよく混ぜておく。
②白石温麺は袋表記の時間茹でる。

③あと足しの熱湯（200ml）をスープの素と合わせ、茹でた麺を入れる。
④トッピングにBを乗せて完成。

11月3日（金）晴れ

今日は山梨ワインヌーボー解禁に合わせたイベントです。

談話室コロボックルさんの「ゴゴイチ」にて、ワインに合わせた出張カレーの依頼。盛大にして和やかなイベントでした。

元・六本木のバーテンダーが作る ミックスナッツのBARcurry

＊湯取り方式で作るバスマティライスの説明は9月27日レシピを参照。

材料

◎玉葱　½個（みじん切り）
◎ココナッツミルク　300ml
◎青唐辛子　1本（小口切り）

A

（アムトゥナパハ）
◎カルダモン　1個（中身だけ）
◎シナモン　小指の爪ほど
◎ローリエ　1枚
◎コリアンダー　小さじ1と½
◎クミン　小さじ½
◎モルディブフィッシュ　小さじ1

B

（テンパリング）
◎ココナッツオイル　大さじ1
◎フェヌグリーク　小さじ½
◎ブラウンマスタードシード　小さじ1
◎クミン　小さじ½
◎唐辛子　1本
◎カレーリーフ　1枚

元、六本木の
バーテンダーがつくる
ミックスナッツのBAR curry

◎ジンブー　ひとつまみ
◎ニンニク　1個（みじん切り）
◎生姜　ニンニクと同量（みじん切り）

C
（グレービー）
◎茹で落花生　10g
◎ミックスナッツ　40g

D
（湯取りバスマティライス作り）
◎バスマティライス　半合
◎ココナッツオイル　数滴
◎黒粒胡椒　小さじ1

下準備
◎バスマティライスを30分浸水させておく。

作り方
①Aをミルミキサーで粉にする。
②Bを弱火でテンパリングして香りを出す。
③テンパリングしたオイルにCのナッツ類とアムトゥナパハ（①）を加

え、弱火で混ぜ馴染ませる。
④ココナッツミルクと玉葱を（③）に加え、ポコポコと10分くらい煮る。
⑤青唐辛子を（④）に加え、弱火で3分ほど煮るとスリランカカレーの完成。
⑥水を沸かし、Dを入れ沸騰させ、袋表記の時間茹でたらザルに移し、そのまま5分くらい米が立つまで放置する（9月27日レシピ、作り方4（＊印）参照）。

今回は付け合わせにポルサンボル、キラタ、パクチー、ライタなどを乗せましたが、レシピはまたの機会にお知らせします。

11月4日（土）曇り

車庫証明が却下され、慌ててウッドデッキの解体をしたものの、ざっくり壊したまま放置していたので、朝から後始末。

まずは三輪車の撤去。昔、30種ほどの薬膳酒（マタタビ酒など）を積んで移動BAR屋台「マタチャリ」で遊んでいた名残り。後ろの櫓を下ろし、三輪車は置き場がないのでひとまず軽トラに積んで、なかったことに。

6mほどに成長した沙羅の木を切り倒し、櫓の置き場を確保。屋根上スカイデッキへのアプローチだったウッドデッキを細かく解体した後、山荘のエントランスにデッキ板を切り貼りし、なんとか形になりました。

あっという間に夕方、食事希望のゲストを横瀬駅まで迎えに行く時間です。

レンコンのポルペッティーニ

材料

◎レンコン　100g（蓮根種）

A

◎玉葱　½個（みじん切り）
◎ニンニク　½個（みじん切り）
◎溶き卵　1個
◎グリーンフェンネル　小さじ1

◎ブラックペッパー　適量
◎塩　ひとつまみ
◎基本の独歩マサラ　ひとつまみ
（10月28日参照）
◎パルミジャーノ　大さじ1
◎パン粉　大さじ1
（牛乳に湿らせる）
◎乾煎りミックスナッツ　10g
（砕いておく）

（山葵トマトソース）
◎トマト　中くらい1個
◎ニンニク　½個（みじん切り）
◎クミン　小さじ1
◎ローリエ　1枚
◎玉葱　⅓個（みじん切り）
◎山葵　お好みの量で

（ポルペッティーニ）
◎片栗粉　適量
◎オリーブオイル　大さじ2

下準備

◎ソースにするトマトは湯剥きして潰しておく。

作り方

①飾り用にレンコンを何枚かスライスしたら、残りを擦り下ろしておく。
②擦り下ろしたレンコンの水気を軽く絞り、Aを加え、すべてを捏ね混ぜる。
③スライスしたレンコンを、オリーブオイル（大さじ2）で素揚げする。次の工程のトマトソース作りに使うので、素揚げで使ったオリーブオイルは取っておく。
④山葵トマトソースを作る。オリーブオイル（③）を弱火にかけて、ニンニク、クミン、ローリエの香りを出す。玉葱を加えて弱火のまま焦がさないように、透きとおるまでじっくり火を入れたら、湯剥きしたトマトを加えて煮詰める。

⑤水分量が半分になるまで煮詰めたら、火を止め山葵を加え、ミキサーなどでペースト状にする。
⑥ポルペッティーニを作る。（②）で捏ねた蓮根種を適当な大きさに丸め、片栗粉をまぶす。
⑦フライパンにオリーブオイルを温め、揚げ焼きにする。
⑧お皿に山葵トマトソース（⑤）、ポルペッティーニ（⑦）、素揚げレンコン（③）を飾って完成。

11月5日㈰曇り時々晴れ

無性にお酒が呑みたい時がある。

ただ、今日中にやることや明日のことを考えるとなかなか呑めない。

僕はすぐ酔っ払うし女に弱い。ハニートラップですぐさま撃沈するのを知っているから、人を寄せ付けない雰囲気をまとってしまったのかも知れない。

ナポリタン

材料

（パスタを茹でる）
◎水　1L
◎スパゲッティーニ　100g
◎塩　小さじ½

A
◎チキンコンソメ　小さじ½
◎玉葱　⅛個
◎パクチーの根　4つ
◎生姜　5g
◎ベーコン　10g（ざく切り）

（ガラムマサラ）
◎唐辛子　1本
◎コリアンダー　小さじ1
◎クミン　小さじ½
◎カルダモン　1個

◎クローブ　3粒
◎シナモン　小指の爪ほど

（ナポリタン）
◎オリーブオイル　大さじ1
◎玉葱　3/8個（ざく切り）
◎甜菜糖　ひとつまみ
◎ベーコン　30g（ざく切り）
◎デルモンテケチャップ　50g
◎青唐辛子　1本（ざく切り）
◎パクチー　適量（ざく切り）

下準備

◎ガラムマサラの材料をミルミキサーで粉にする。

作り方

①Aの材料をすべて水に入れ、沸騰させたら中火で3分ほど煮る。
パスタを投入し、袋表記より2～3分長めにもっちりと茹で上げ、鍋

のまま待機する（炒めた野菜等と合わせるので（②）と同時進行が望ましい）。パスタの茹で汁（90ml）は後で使うので残しておく。
②この後はずっと強火のままです。フライパンにオリーブオイルをひき、玉葱を炒め、甜菜糖、ベーコン、ガラムマサラを加えさらに炒める。
③玉葱に火が通ったら茹でたパスタ（①）も加えて、焼き炒めてフライパンの片隅に寄せる。空いたスペースにケチャップ（40g）を先に入れ、ふつふつと沸騰させて酸味を飛ばす。
④ある程度ケチャップが煮詰まったら青唐辛子、パクチー、残しておいた茹で汁（90ml）を加え、全体に馴染むように焼き炒めながら、残りのケチャップを入れ混ぜたら完成。

11月6日（月）曇り

5時起床。溜まりまくった事務仕事と格闘し始めた。
5時間ノンストップで15分ひと休み。熱いコーヒーを入れ直し、書類とまた格闘。
15時、朝から何も食べずでさすがに腹が減った。冷蔵庫で少し干から

びた茸たちを、救済レシピで食べる。

16時、再び書類と格闘開始。左の瞼がピクピクと痙攣し始めた。

18時、家のチャイムが鳴る。警察官ふたりが、キッチンカー車庫証明の件でわざわざ遅い時間に来てくださった。一緒に駐車スペースを確認し、明後日水曜日に証明書をいただけることに。

19時、仕切り直して事務仕事再開。これ、終わらないな。左瞼がまたピクピクし始めた。

万能なめたけ

材料

◎お好きな茸　300g
（一夜干しするとなお良い。今回は大なめこ、椎茸、しめじ、舞茸を使いました）
◎米酢　大さじ1

A

（テンパリング）
◎米油　大さじ1

◎唐辛子　1本

◎イエローマスタードシード　小さじ1

◎ジンブー　小さじ1

B

（調味料）

◎甜菜糖　大さじ1

◎みりん　52ml

◎酒　52ml

◎醤油　52ml

◎出汁　200ml

◎ターメリック　小さじ½

下準備

◎茸は石づきを取り、適当な大きさにしておく。

作り方

①Aを火にかけ、弱火で香りを引き出したら茸を加え、茸の水分を飛ばす感じで強火で炒める。

②茸の水分がある程度飛んだら中火にし、炒めながらBの調味料を甜菜

糖から順番に加えていく。

③煮汁がほぼなくなるまで煮詰めたら火を止め、米酢を入れ全体を混ぜたら完成。

何にでも合うので、常備菜としてあると便利です。今回は飾り付けにハキダメギクを添えています。

11月7日（火）雨のち晴れ

分厚い雲に覆われたからなのか、11月にしてはやたらと生暖かい朝だった。

4時半起床で、昨日からの引き続き書類案件と格闘の末、なんとか午前中に終わり開放感。

やっぱり事務仕事は苦手だと思いながら、伸びきった樹木をノコギリ片手に少し整理して、心を丸く整えた。

すっかりお腹も空いて、山梨出張で買ったほうとうを食べることにした。暑いから冷やして食べよう。冷たいほうとうは「おざら」と呼ばれる夏の食べ方です。

エキゾチックおざら

材料

◎みりん　60ml
◎醤油　40ml
◎ナンプラー　20ml

（おざら麺）

◎ほうとう　適量
◎レディサラダ　適量

（つけ汁）

◎水　400ml
◎ココナッツミルク　100ml
◎昆布　2g（食べられる大きさに、キッチンバサミで切る）
◎鰹節　4g
◎煮干　3本

◎乾燥レモングラス　2g
◎カルダモン　1個
◎椎茸　2個（適当に切る）
◎ヤーコン　適量（さいの目切り）

（薬味）
◎パクチー　適量
◎針生姜　適量

下準備

◎ピーラーでレディサラダをほうとう麺のサイズに削いでおく。

作り方

①つけ汁の材料をすべて加え中弱火で熱し、沸騰したら極弱火にして3分。灰汁を取りながら煮出す。

②みりんを（①）に加え、火を強めて一度沸騰させる。火を止めて醤油とナンプラーを入れ、ザルなどで漉したらつけ汁の完成（レモングラス以外は具として活用します）。

③ほうとう麺を10～12分ほど茹でたら冷水で締める。レディサラダと和えて水気を切っておく。
④つけ汁をしっかり温めて、冷やした麺と薬味で完成。

11月8日（水）快晴

今日は、キッチンカーの車庫証明書を秩父警察署で受け取る日。受け取り時間ぴったりにもらい、近くの郵便局で（株）池田自動車へ送付。初めてラブレターを投函した時の気持ちだった。そんな一日の始まり。

夕方には地域おこし協力隊、初の隊員だった石黒夢積さんへ。僕が企画した案件をプレゼンさせていただきました。石黒さんは耕作放棄された茶畑を見事に復活させ、和紅茶などを開発し、事業化した憧れの大先輩なんです。ひととおり熱苦しい想いを伝え、一緒にチャレンジしてみることとなりました。

ああまたひとつ、わくわく、どきどきが芽を出しました。

拾った銀杏と蒸し帆立

材料

◎玉葱　½個（みじん切り）
◎カスリメティ　小さじ1
◎ターメリック　ひとつまみ
◎蒸したベビー帆立　150g
◎しょっつる　小さじ½弱

（銀杏の下ごしらえ）
◎銀杏　20個
◎塩　適量
◎水　適量

A
（テンパリング）
◎マスタードオイル　大さじ1
◎ニンニク　1個（潰す）
◎唐辛子　1本

◎イエローマスタードシード　小さじ1
◎クミン　小さじ½
◎グリーンフェンネル　ひとつまみ

下準備

◎銀杏を洗って殻にペンチなどで割れ目を入れ、海水程度の塩水に漬けておく（そうすることで1週間ほど日持ちします）。皿に入れラップをし、600wの電子レンジで3分加熱して殻を取り除く。

作り方

①Aを弱火にかけ香りを引き出しておく。
②香り立つ（①）に玉葱を入れて炒め、半透明になったらカスリメティ、ターメリックを入れさらに香り高くする。蒸したベビー帆立と下準備した銀杏を入れ、香りオイルを纏わせるように混ぜる。最後にしょっつるを入れ、全体的に混ぜたら完成。

11月9日(木)曇りのち晴れ

この時期の朝4時は暗い。

明日の商工会議所に提出する資料作りと、少し遠出して資材を下見する予定だから、寒いし布団から出たくないけれど頑張って起きた。

AIのごとく予定を片付けて、大好きな「店なし雑貨屋の店」へ。早く着きすぎたので、掃除機片手に開店準備を手伝いつつ物色。今回は商品購入を真剣に悩みすぎて、少し疲れてしまった。

家に着くとすっかり夜。ほっこりしたくなり、ささっと作れるグラタンを焚き火をしながらいただきました。

たけのこ芋のグラタン・ドフィノア

材料

◎たけのこ芋　100g（皮を剥く）
◎ニンニク　1個（皮を剥く）
◎バター　適量

A

◎生クリーム　100ml
◎牛乳　150ml
◎ナツメグパウダー　1g
◎塩　適量
◎ホワイトペッパー　適量
◎クローブパウダー
　耳かき1すくいくらい
◎カルダモンパウダー　耳かき1すくいくらい
◎フレッシュタイム　1g（ざく切り）

（仕上げ）

◎ミックスチーズ　適量
◎パルミジャーノ　適量
◎パン粉　適量

作り方

①たけのこ芋を5ミリほどのスライスにする。耐熱容器の内側にニンニクを擦り付け、香りを移す。そのあとバターも同様に塗る。ニンニクは次の工程で使うので取っておく。

②鍋にAすべてと、ニンニク（①で使用したもの）を混ぜて沸騰させ、たけのこ芋（①）を入れ、弱火で5分ほど煮たら火を止める。

③バターを塗った耐熱容器に、鍋から取り出したたけのこ芋（②）を⅔敷き詰め、ミックスチーズ、残りのたけのこ芋、（②）のソース、パルミジャーノ、パン粉を重ねてオーブンなどで焼き目が付くまで焼いたら完成。

11月10日（金）曇り

役場、法務局、商工会議所。午前中の活動はこんな感じ。

それにしてもこの国が先進国ではないのがよく分かる。ある申請窓口はネットからしか受け付けていないのだが、引っ掛け問題か？　ってくらい分かりづらい。やっと電子窓口を通過すると、書類をプリントアウトして捺印。それに印鑑証明を添えて送付。確認後、ＤＭと紙媒体が届いて初めてスタートラインに立てる。笑っちゃうくらい阿呆なシステムです。

そして夜。以前イベントで僕の料理を食べていただいた方が、「味の分かる人に食べてもらう」とテイクアウト。で、その日のうちに「食べてもらった人が『会いたい』と言ってるので会っていただけますか？」とご連絡をいただいた。僕も、どんな相手か分からないにもかかわらずふたつ返事で「いいですよ」。

会ったのは長瀞・Benjamin_Mason の変態コーヒーを創る仙人。繋いでくれたのが、あおいさん。素敵な変態さんとのハッピーな時間は、あっという間に過ぎて行くのでした。

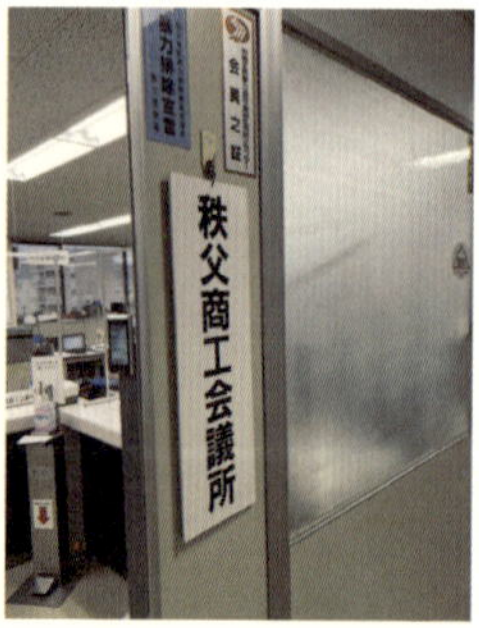

海老の柚子釜

＊湯取り方式で作るバスマティライスの説明は9月27日レシピを参照。

材料

（海老下ごしらえ）
◎小さめの海老　6尾（剥いて80g）

（柚子下ごしらえ）
◎柚子　1個（テニスボールくらい）

（湯取りバスマティライス作り）
◎バスマティライス　大さじ1
◎水　500ml
◎太白胡麻油　数滴
◎塩　ひとつまみ

（テンパリング）

――◎玉葱　20g（みじん切り）

A

――◎太白胡麻油　小さじ1

◎クミン　ひとつまみ

◎グリーンフェンネル　ひとつまみ

◎コリアンダー　ひとつまみ

◎クローブ　1粒

◎唐辛子　半分

（海老種）

◎Sサイズ卵黄　1個

◎塩　ひとつまみ

――◎ホワイトペッパー　ひとつまみ

◎片栗粉　小さじ½

（釜詰め）

――◎熊笹の葉　1枚

下準備

◎海老の殻と背腸を取り除き、水洗いしてキッチンペーパーで水気を取る。2尾を飾り用に取り置き、残りを包丁の背で粗目のタタキにする。
◎柚子を3つの部位に切り分けます。蓋になる上の部位、本体(釜の中心部)、お尻の部位。お尻は、本体の底が平らになるように薄めに切ってください。
◎スプーンで釜の中心部の果肉を取り除き、果汁を絞っておく。このときに底が抜けますが、後で塞ぐので大丈夫です。
◎薄く切り出したお尻部分の皮を削ぎ、千切りにしておく。

作り方

①鍋に水、胡麻油、塩、柚子の果汁と皮(下準備した千切りの皮を半分と、絞っておいた果汁)を加え、火にかけて沸かし、バスマティライスを入れ沸騰させる。袋表記の時間茹でた後、ザルにあけ水切りをしながら、5分くらい米が立つまで放置(9月27日レシピ、作り方4(*印)参照)。
②テンパリングする。Aを鍋に入れ、弱火にかけて香りを立たせてから、玉葱を入れ3分ほど炒める。
③ボウルに卵黄と塩、ホワイトペッパーを入れ、ホイッパーでもったり

するまで泡立てる。海老（下準備でタタキにしたもの）、炒めた玉葱（②）を入れてよく混ぜてから片栗粉を加えて練る。
④底が抜けた柚子釜の下に熊笹を切って敷き、穴を塞ぎます。柚子釜の中にバスマティライス（①）を詰め、海老種（③）を重ねて飾り海老2尾を詰めたら、蒸し器で10分ほど蒸す。
⑤盛り皿に蒸した柚子釜、柚子蓋を添え、木の芽や椿の花弁、残りの千切り柚子皮などを飾ったら完成。

11月11日（土）晴れのち曇り

目覚めと共に石油ストーブをつけ、やかんを置く。寒い。

コーヒーを飲みながら朝の事務仕事。午後からは曇り予報なので、晴れた午前のうちに軽トラを洗車した。風が冷たいけれど洗車をしていると身体が熱い。結局3時間もかかってしまった。

明日の「独歩式スパイス教室」のゲストのために、ピカピカの軽トラで仕入れにGO。

紅葉シーズンなので道は混んでいるし、農産物直売所はすっからかん。

相変わらず曜日感覚が無いせいで困りました。どうしましょう。

良い案が思い付かないので、思い切ってオフモードにして、夜までダラダラ過ごすことにしました。明日のことを考えながら夜ご飯を作っていたら23時。スーパーは閉まっている。明日の仕入れ、どうしましょう……。

しっとり鳥胸肉とフェイジョアサルサソース

材料

（鳥胸肉下ごしらえ）
◎鳥胸肉　1枚
◎塩　適量

（フェイジョアサルサソース）
◎クミン　小さじ½
◎コリアンダー　小さじ1

◎パクチー　10g
◎ミニトマト　7個
◎玉葱　40g
◎フェイジョア　2個
◎ニンニク　1個
◎タバスコ　適量
◎塩　ひとつまみ

〈クールブイヨン〉

＊香味野菜、ローリエ、白胡椒が基本なのですが、わざわざ買わずに、あるものでいろいろ試してみてください。
◎水　1・5L
◎生姜　30g（薄切り）
◎玉葱　120g（薄切り）
◎間引き人参　120g（ざく切り）
◎秩父かぼす　1個（半分に切る）
◎ニンニク　1個（潰す）
◎ローリエ　1枚

◎白胡椒粒　20粒
◎フレッシュタイム　1・5g

（仕上げの焼き）
◎オリーブオイル　適量
◎バター　10g

下準備

◎鶏胸肉の下ごしらえをする。皮の縮みを防ぐために、包丁で皮を数か所刺しておく。皮のない方を包丁の背で叩いて、肉の繊維を柔らかくする。全体に塩をふり、15分したらキッチンペーパーで水分を拭く。

作り方

①フェイジョアサルサソースを作る。フェイジョア1個を半分に切り、中身を取り出したら擦り下ろす。ニンニクも擦り下ろす。
②玉葱、ミニトマト、もう1個の皮付きフェイジョアを5ミリ角に切る。
③クミン、コリアンダーはミルミキサーで粉にする。
④パクチーを刻み、すべての材料とタバスコ、塩ひとつまみを加え混ぜ

合わせれば、フェイジョアソースの完成です。

＊残ったフェイジョアの皮は、水、砂糖と一緒に瓶に入れておくと発酵炭酸ドリンクが作れます。

⑤クールブイヨンを作る。鍋に水、野菜、スパイスを入れて、一度沸騰させます。沸いたら少しポコポコするくらいの極弱火で15分煮込む。今回は、この鍋のまま鳥胸肉を茹でます（本来はレードルでスープだけ取り出します。強火で煮たり、最後にザルなどにわっとこぼすと、濁りが出て澄んだブイヨンにならないので）。

⑥出来上がったクールブイヨンの鍋（⑤）に、下ごしらえした鳥胸肉を入れ下茹でします。ポコポコする程度の弱火で10分茹でたら、鍋から取り出し、指で押すとマシュマロみたいな弾力であればベスト。この段階で6割の火入れです。それより硬いと火が強過ぎたと思います。ラップに包み15分休ませて、余熱で8割までの火入れを目指します。

⑦下茹でし、ラップで15分休ませた鳥胸肉の皮目に、オリーブオイルを塗ります。弱火のフライパンで皮目を押し付けながら、こんがりと焼き色を付けていきます。半分ほどの焼き色が付いたらバターを溶かし、身の部分が乾かないように身の厚い部分を重点的にアロゼ（スプーンでオイルを回しかける）しながら火を入れていきます。指で押すと弾力のあ

る抵抗が火入れ完了のサインです。

⑧盛り付けは、お皿の中央にフェイジョアサルサソース（④）を敷き、縦半分に切った鳥胸肉を乗せたら完成です。野菜が入ったままのクールブイヨンに塩を足し、スープとして食べても美味しい組み合わせです。

11月12日(日)曇り時々晴れ

今日は「独歩式スパイス料理教室」で、茨城と川越からおふたりと赤ちゃんがゲスト。赤ちゃんってなんでこんなにも愛おしいんでしょう。終始デレデレしちゃいます。

今回のご要望は「cafeを開きたい夢があり、スイーツに対するスパイスの使い方を知りたい」にお応えする内容で、カレーを作らせていただきました。

スイーツとスパイスを知りたいのにカレーを作る？　と不思議に思うかも知れませんが、僕の料理教室は思考の変換力や自分への問いかけ、自然や人々を取り巻く環境などに気付ける内容なんです。もちろん調理

技術が向上し、料理が美味しいのは当たり前なんですが、料理の本質はそこじゃないと僕は思っているんです。

教室のスタートはいつも、旬の食材を目の前にし、どんなカレーを作りたいのかゲストが考えるところから始まります。メニューは決まっていません。考えて決断するのはゲスト、調理とアドバイスを担当するのが僕の役割。今回はカレー作りをスイーツにたとえて説明したので「え、そっか!」「そんな考え方と方法があるんですね」と、僕もいろいろと気付ける楽しい教室となりました。

フェイジョアと柿のカレー

材料

◎玉葱　½個（みじん切り）
◎ニンニク　1片（擦り下ろす）
◎生姜　ニンニクと同量（擦り下ろす）

◎米油　小さじ½

（下ごしらえ）

◎フェイジョア　6個
◎柿　1と½個

A

（テンパリング）

◎ココナッツオイル　大さじ1と½
◎シナモン　親指第一関節くらい
◎カルダモン　3個（中身だけ）
◎イエローマスタードシード　小さじ1と½

（グレービー）

◎ココナッツミルク　500ml
◎ターメリック　小さじ½

下準備

◎フェイジョアを横半分に切り、スプーンで中身を取り出す。フェイジョア1個分の皮をみじん切りにする。柿は、くし形に切って皮を剥き、種を取り除く。

作り方

①鍋に米油と玉葱を入れ、極弱火で透明になるまで焦がさないように炒める。ニンニク、生姜を加えて、青臭さがなくなるまでしっかり火を入れる。
②テンパリングする。別の鍋にAを入れて弱火で加熱し、マスタードシードがパチパチ跳ね終わったら火を止める。
③テンパリングオイル鍋（②）に玉葱（①）を加えてよく混ぜる。
④グレービーの材料ココナッツミルクとターメリック、くし形にした柿を加えて中弱火で5分ほど煮る。フェイジョアの中身とみじん切りの皮を加えて、さらに3分ほど煮たら完成。

＊162P料理写真の説明
右下の黄色がフェイジョアと柿のカレー。左が3種の葉グリーンカレー、その上の副菜から時計周りに、無花果とカシューナッツ、ヨーグルト、菊芋とムカゴ、みかんとブロッコリー、さやいんげんと安納芋です。

11月13日(月)曇りのち晴れ

昨日も今日も朝は4度。冬まっしぐらな秩父界隈。

そんな中、今日は朝から野外独歩ちゃん、3回目となるYouTube撮影案件でした。

前回は秋のタンポポ。そして今回はひっつき虫。子どもの頃、友達に投げて遊んだ記憶がある方も多いと思います。いろんなひっつき虫が存在しますが、センダングサと呼ばれる植物の中から2種類を調理させていただきました。

コセンダングサとアメリカセンダングサは、どちらも信じられないほど美味しくなる食材なんです。お茶にしたらどこの紅茶？　と尋ねられるでしょうし、炊き込みご飯なんて栗ご飯？　と言われるくらいのご馳走感です。

センダングサづくし

材料

（アメリカセンダングサの炊き込みご飯）

◎バスマティライス　1合
◎アメリカセンダングサの枝付き種子　4枝ほど
◎塩　ひとつまみ
◎オリーブオイル　小さじ½
◎水　1・5合炊きの分量

A

（コセンダングサの出汁）

◎コセンダングサの枝付き種子　6枝ほど
◎水　500ml

（テンパリング）

◎オリーブオイル　大さじ1
◎シナモン　小指の爪ほど

B

◎ローリエ　1枚
◎クミン　小さじ½
◎グリーンフェンネル　ひとつまみ

C

（ガラムマサラ）
◎クミン　小さじ½
◎コリアンダー　小さじ2
◎クローブ　4粒
◎スターアニス　½個
◎カルダモン　2個

（グレービー）
◎コセンダングサの葉　50g（ちぎっておく）
◎玉葱　½個（みじん切り）
◎唐辛子　1本
◎完熟トマト　中1個（ざく切り）
◎栗の蜂蜜　大さじ1

（コセンダングサのかき揚げ）

◎コセンダングサの種子だけ　適量
◎玉葱　½個（適当に千切り）
◎柿　1個（適当に千切り）
◎片栗粉　大さじ1
◎薄力粉　大さじ2
◎栗焼酎　大さじ1（焼酎なら何でも可）
◎オリーブオイル　適量（揚げ油なら何でも可）

下準備

◎バスマティライスを30分水に浸けたら、ザルにあけ水切りする。炊飯器にバスマティライスとAを入れて普通に炊きます。
◎Cをすべてミルミキサーに入れ、粉にする。

作り方

①コセンダングサの出汁を取る。
鍋に水とコセンダングサを入れ、中火で沸かす。沸いたら弱火にして2分ほど煮出す（この時点で美味しいお茶が飲めます）。

②別の鍋を用意し、テンパリングする。Bをすべて入れ、弱火で香りを出しておく。
③テンパリングオイル鍋（②）に玉葱と唐辛子を入れ、弱火で3分ほど炒める。
④ざく切りトマトとコセンダングサの葉、ガラムマサラを加えて、トマトの水分がなくなるまで中弱火で炒める。
⑤コセンダングサの出汁（①、400ml）と蜂蜜を加え、中火で5分ほど煮たら塩で味を整える。コセンダングサの出汁を使ったカレーの完成。
⑥かき揚げを作る。コセンダングサの種子だけ取り除き、フライパンで乾煎りする。
⑦ボウルに乾煎りしたコセンダングサ、玉葱、柿を混ぜ合わせてから、粉類をよく纏わせるように混ぜる。混ざり終わったら栗焼酎を入れてざっくりと混ぜる（水っぽいときは粉を足してください）。
⑧揚げ油のオリーブオイルを160℃まで熱して揚げる。
⑨盛り付ける。お皿に炊き込みご飯、カレー、かき揚げを乗せたらセンダングサづくしの出来上がり。

11月14日(火)快晴

寒くて目が覚めてしまった午前3時半。今日は早起きして頑張れってことなのか?

10月31日に記した「銀行借入案件」の完済手続きのために、役場や法務局を回ってから東京へ。秩父界隈の人の話では、池袋は「街」で新宿・渋谷は「大都会」と言うらしい。なんとなく分かる気がするのは、僕もすっかり山の人になったからなんだろう。

約束の時間まで3時間余裕を持って来たので、池袋、大久保、中野でスパイスの仕入れをしながらウォッチング。しかし東京のスクラップ&ビルドは目まぐるしい。5年前にできたショップがもう古臭くなっている。なんだかちょっとセンチメンタルになってしまった。

そして銀行の手続きを終え、新宿の眼科へ視力検診に行きました。38歳の頃から老眼が始まってしまい、料理のクオリティが保てない自分に相当落ち込んだものです。ですので定期的に検診をして老眼鏡の精度を更新しているんです。

ショックだった肉体の衰えも、お洒落アイテムがひとつ増えたと楽しめるような心持ちになれたのは、少し僕も成長したのかもしれない。

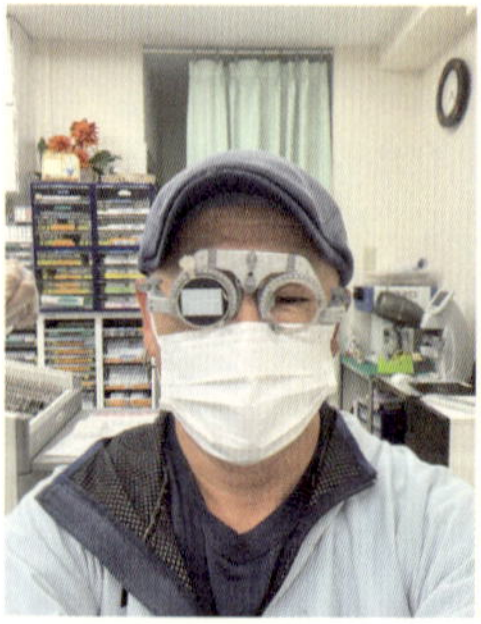

焼き芋

材料

（ミルク摘み）
◎牛乳　150ml（乳脂肪4・0％）

（焼き芋）
◎安納芋　2cm（輪切り）
◎バター　30g

A
◎ローズマリー　適量
◎タイム　適量
◎クミン　ひとつまみ
◎クローブ　1粒
◎唐辛子　1本

（飾り付け）
◎グラニュー糖　適量
◎岩塩　ひとつまみ

◎フェイジョアスライス　1枚
◎ナスタチュームの葉　2枚
◎アリッサムの花　1輪
◎キンゾイ新芽　1個
◎ザクロの実　5粒

作り方

①テフロンフライパンに牛乳を入れ、弱火で20分煮てクレープ状になったら指で摘んで成形する。

②安納芋を蒸し器で15分蒸す。フライパンにバター、Aを入れ弱火にかけ、安納芋をアロゼ（スプーンでオイルを回しかける）しながらこんがりしっとり焼き上げる（フライパンに残った香りバターは、トーストに付けて食べました）。

③お皿に焼き芋（②）を乗せてグラニュー糖をかけ、ガスバーナーでキャラメリゼする。岩塩を散らして、ミルク摘み（①）、フェイジョアスライス、その他、用意した飾り付けの材料を盛り込んだら完成。

11月15日（水）薄曇り

今日は、待ちに待ったキッチンカーをお迎えに行く日。池田自動車さんが頑張ってくれたので、予定より早く納車が決まりました。めっちゃ嬉しい。

引き取りを済ませて、頭の中にあったイメージカラーに早く塗り替えたく、近くのジョイフルホンダにペンキチェックをしに行きました。良い感じのカラーを見つけたので購入し、わくわくしながら峠道を急いでいましたが……なんとガソリン切れランプが点灯。

山道にガソリンスタンドなんてない。そこからはどきどきヒヤヒヤしっぱなし。なるべくアクセルを踏まず、横瀬町のガソリンスタンドまでなんとか辿り着きました。

山荘に帰り、ホッと一息つきたくて、ビールのつまみに作ったレシピです。

もやし炒め

材料

（干しエビを戻す）
◎干しエビ　15g
◎ぬるま湯　500ml

（油揚げともやしを炒め海老の風味を付ける）
◎厚揚げ　1枚
◎もやし　200g
◎胡麻油　大さじ1

（仕上げの味付け）
◎卵　1個
◎ナンプラー　小さじ2
◎みかん　1個
◎胡麻油　大さじ1
◎唐辛子　1本

◎ニンニク　1個（みじん切り）
◎乾燥コブミカンの葉　5枚
◎オイスターソース　大さじ1
◎パクチー　好きなだけ
◎塩　ひとつまみ

下準備

◎40度くらいのぬるま湯（500ml）に干しエビを浸けて、20分ほど戻す。ザルにあけて、戻した湯も取っておく。

作り方

①厚揚げを適当な大きさに切る。
②干しエビを戻した湯を沸騰させておく。
③フライパンを強火で熱し胡麻油を入れ、油が馴染んだら厚揚げともやしを加え、全体に胡麻油を纏わせる感じでサッと炒める。
④沸騰させておいた干しエビの戻し湯を入れて、一煮立ちしたら、すぐにザルで水気を切る（熱を入れすぎないように手早くやるのが、シャキッともやしのコツ。海老の風味も加わり美味しさ倍増）。

⑤卵をボウルに割り、ナンプラー（小さじ1）と混ぜておく。
⑥みかんの皮を剥き、ざく切りにしておく。
⑦フライパンを弱火で熱し、胡麻油、唐辛子、ニンニク、下準備で戻したエビを入れて、ニンニクがきつね色になったらコブミカンの葉を指で崩しながら入れる。
⑧十分にオイルの香りを引き出したら、強火にして、溶いた卵を入れ手早く混ぜ、みかんを入れ炒める。
⑨厚揚げともやし（④）、ナンプラー（小さじ1）とオイスターソースを加えてざっと炒め、パクチーと塩ひとつまみを入れさらに混ぜ炒めたら完成。

美味しくするコツは、火の使い方と熱を入れすぎない手早さ。あと、もやしは最初にオイルを纏わせてから茹でることで、水分を逃がさないようにしていること。この方法で、もやし炒めがシャッキリし、ぐんと美味しくなります。

11月16日(木)快晴から一気に曇

カウンター8席、5坪の店から始まった店「久遠の空」が19周年を迎えました。14店舗をリリースしながらも18周年目にはすべての実店舗を閉ざし、今では山の「店無しシェフ」として活動しています。紆余曲折、天国と地獄をいっぺんに味わう濃い19年に、我ながらよく生き延びているなと感慨深いです。

今日は快晴と秩父の紅葉の美しさを堪能しながら、食材の仕入れに回り、夕方の「カレー独歩ちゃん」21食分の仕込み。予定より早く終わったので、雨漏りしているアウトドアリビングの補修をすることにしました。

菊芋とカボスのカレー

材料―◎秩父かぼす　½個（ざく切り）

（玉葱を炒める）

◎太白胡麻油　小さじ½
◎玉葱　⅓個（みじん切り）
◎ニンニク　1片（みじん切り）
◎生姜　ニンニクと同量（みじん切り）

（ガラムマサラ）

◎コリアンダー　小さじ1
◎クミン　ひとつまみ
◎グリーンフェンネル　ひとつまみ
◎ローリエ　½枚

（菊芋を煮る）

◎昆布　2cmほど
◎鰹節　ひとつまみ
◎水　400ml
◎菊芋　50g（ざく切り）

A

（テンパリング）

◎太白胡麻油　小さじ1

◎フェヌグリーク　小さじ½

◎クミン　ひとつまみ

下準備

◎ガラムマサラの材料をすべてミルミキサーで粉にする。

作り方

①鍋に胡麻油、玉葱を入れ、弱火で炒める。ある程度透き通ってきたら、ニンニク、生姜も加えて、全体がねっとりするまで炒める。

②水と昆布、鰹節を入れ、中火で沸騰したら弱火にして3分煮出す。菊芋を加え、中火で5分ほど煮る。

③粉にしたガラムマサラを鍋（②）に加え、弱火で2分煮たら、秩父かぼすを加えてさらに2分ほど煮詰める。バーミックスなどでペースト状に潰す。

④テンパリングする。Aをフライパンで弱火で熱し、フェヌグリークが

きつね色になったら鍋(③)に加えて混ぜる。最後に分量外の塩で味を調えたら完成です。

＊178P料理写真の説明
赤キャベツのカレーと菊芋とカボスのカレーの2種盛り。副菜に春菊、椎茸、カリフラワー、インゲン、キウイ、ヨーグルト、安納芋、菊の花弁、カスリメティを添えています。

11月17日(金)土砂降りから晴れ

朝3時に目が覚めてしまった。

雨音が強く、屋根の雨漏りが気になりチェックする。そもそも野良の子猫たちが透明ボード屋根の上で暴れていたのが原因で、猫好きな僕だけど今回は少しご立腹。昨日ビビりながら補修したけど、笑っちゃうくらいダダ漏れです。

長く強い雨に不安になり、そのまま起きました。雨と山の相性は良く、とても幻想的で美しい。濡れて妖艶さが増した紅葉も、立ち込める霞も、

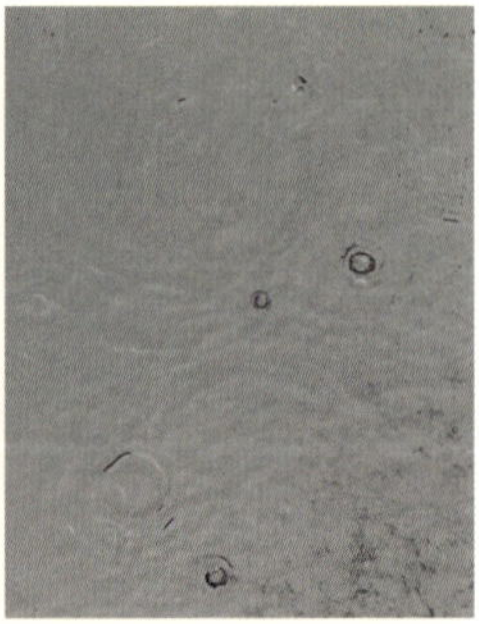

まったく見飽きない。

　昼過ぎに雨が止み、キッチンカーをチェック。電気系統、冷蔵庫の稼働は正常か？　等々、大先輩のY's Dining寛齋さんのところで一緒に確認しました。僕としては再塗装や細部の飾り付けを早くやりたくてウズウズしっぱなしですが、保健所の許可が最優先だと再認識。各都道府県でそれぞれ許可を取らないと、県を跨いだ活動は出来ません。まずは秩父で営業できるようにしつつ、あわよくば東京・山梨も一気に申請したい。なんなら営業しながら申請許可取得の日本一周の旅を……と夢は膨らむばかりです。

お粥と余った惣菜

材料

A

（お粥）
◎バスマティライス　60g
◎ムカゴ　20粒

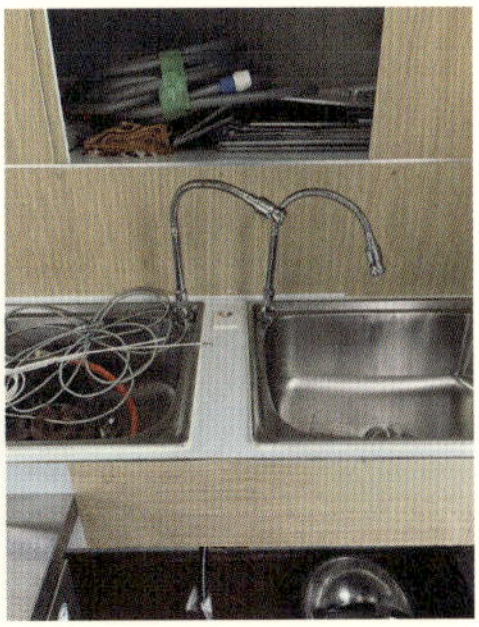

◎ターメリック　ひとつまみ
◎塩　ひとつまみ
◎水　適量

B

（テンパリング）
◎米油　小さじ1
◎ニンニク　1個（みじん切り）
◎クミン　ひとつまみ
◎イエローマスタードシード
小さじ½

（トッピング）
◎梅干　1個
◎パクチー　適量（刻む）

作り方

①Aをすべて鍋に入れて、一度沸騰させたら弱火にし、粥状になるまで水を足しながら炊く。

②テンパリングする。別の鍋にBをすべて入れて、弱火で香りを出していく。炊けたお粥（①）に入れて混ぜる。
③お粥（②）を器に盛り、パクチー、梅干を飾って完成。今回は、昨日余った惣菜と一緒にいただきました。

11月18日(土)快晴

地域の森林資源を使って、したいことを叶えるプログラム「WOOD DREAM DECK」TIS（株）の伊藤淳氏と奥様。森林と人との関係を見直す「フォレストリバイタライズ産業」SUNDRED パートナー、日揮ホールディングス株式会社／サステナビリティ協創部、吉井拓史氏。この3名をゲストに、身近な山野草、しかも木をメインにした食事をご案内させていただきました。

採取から始まり、調理では草木から取った7種類の出汁を飲み比べながら、どう使うか？　を相談。僕自身、横瀬町で地域おこし協力隊員として活動する中、新しい林業を立ち上げたいと考えていました。とても刺激的なメンバーのご参加に、僕自身が一番楽しく過ごしてしまったか

もしれません。

草木のカレー

2種のカレー「青い杉葉と花粉の蕾、ムカゴのカレー」「アブラチャンの枝と緑葉、茸のカレー」を作る。

＊湯取り方式で作るバスマティライスの説明は9月27日レシピを参照。

材料

（スゥエ玉葱）

◎玉葱　2個

◎ニンニク　1片

◎生姜　ニンニクと同量

◎米油　小さじ1

（湯取りバスマティライス作り）

◎バスマティライス　1合
◎アブラチャンの種子出汁　600ml
◎ススキの葉出汁　600ml
◎枯れ杉の葉出汁　600ml
◎塩　小さじ1

（青い杉葉と花粉の蕾、ムカゴのカレー作り）

A

（テンパリング）
◎オリーブオイル　小さじ1
◎カルダモン　2個（中身だけ）
◎ネパール山椒　小さじ½
◎ローリエ　½枚
◎唐辛子　1本

B

◎花粉蕾と杉葉出汁　600ml
◎ムカゴ　30個

C

◎クミン　ひとつまみ
◎コリアンダー　小さじ1

（仕上げの味付け）

◎塩　ひとつまみ

◎ターメリック　小さじ½

◎柚子ピール　適量

（アブラチャンの枝と緑葉、茸のカレー作り）

◎茸　１２０ｇ（椎茸、しめじ）

◎アブラチャン枝葉出汁　６００ml

（スパイスを合わせる）

◎クミン　小さじ１（乾煎りする）

◎クローブ　３粒

◎シナモン　小指の爪ほど

◎黒粒胡椒　小さじ½

◎コリアンダー　小さじ½

D

（仕上げの味付け）
◎ナンプラー　小さじ1/3
◎牡蠣醤油　小さじ1/2
◎塩　ひとつまみ

下準備

◎スゥエ玉葱の材料の下準備をする。玉葱、ニンニク、生姜をそれぞれみじん切りにする。

作り方

①下準備でみじん切りした量にピッタリなサイズの鍋を用意し、米油を入れ弱火で熱し、みじん切りした食材をすべて入れる。じっくり素材に汗をかかせながら、一粒一粒を沸騰させるイメージで、焦がさないように炒める。水分が凝縮してねっとりするまで15分くらい（ぴったりサイズの鍋にすることで、炒めながら同時に蒸す効果があります）。

②バスマティライスを作る。それぞれの出汁を合わせ、塩を加えて沸騰させる。そこにバスマティライスを入れ、沸いたら、ちょうど良い硬さになるまで茹でる。ザルにあけて、5分くらい米が立つまで放置す

る（9月27日レシピ、作り方4（＊印）参照）。

③「青い杉葉と花粉の蕾、ムカゴのカレー」を作る。
Aをすべて弱火でテンパリングする。

④テンパリングオイル（③）に玉葱（①、出来上がりの半分）、Bを入れて中火で沸騰させる。

⑤ミルミキサーでCを粉にしたものを玉葱（④）に入れ、塩で味を調えターメリックと柚子ピールを入れ、一煮立ちさせたら完成。

⑥「アブラチャンの枝と緑葉、茸のカレー」を作る。
鍋に玉葱（①、残り半分）、茸を入れて弱火で茸に火が通るまで炒める。出汁を加えて中弱火で煮込む。

⑦ミルミキサーでDのスパイスを粉にし、鍋（⑥）にクローブとクミンを入れる。

⑧鍋（⑦）に牡蠣醤油、ナンプラー、塩で味を調えたら完成。

⑨それぞれのカレーをお皿に盛り付けて出来上がりです。
添えたのは、コスモス花弁、ビオラ、三峰隠元、安納芋、ヨーグルト、キウイです。

11月19日(日)快晴

目覚めたら快晴で飛び起きたけれど、寝ている間に雨が強く降ったらしく、玄関を開けてびしょ濡れのアウトドアリビングに気持ちが怯んでしまった。

「キッチンカー塗装したかったのに……」

気を取り直して、最速で保健所申請をする準備に切り替えました。

白いパスタ

材料

◎カリフラワー　100g
◎バター　15g
◎ニンニク　小指の爪ほど
◎フレッシュタイム　ひとつまみ
◎唐辛子　1本

◎パルミジャーノ　お好きなだけ
◎パスタ茹で汁　50ml

A

◎ホワイトペッパー　1g
◎カルダモンパウダー　0・5g
◎ナツメグパウダー　1g
◎白ワイン　10ml
◎生クリーム　70ml
◎牛乳　50ml

（スパゲッティーニを茹でる）

◎スパゲッティーニ　100g
◎塩　小さじ1
◎水　800ml

作り方

①カリフラワーは飾り用のスライス2枚と、残りを小分けに切り分ける。
②フライパンにバター、ニンニク、タイム、唐辛子を入れ弱火にかける。バターが溶けてきたら、飾り用にスライスしたカリフラワーを入れて、

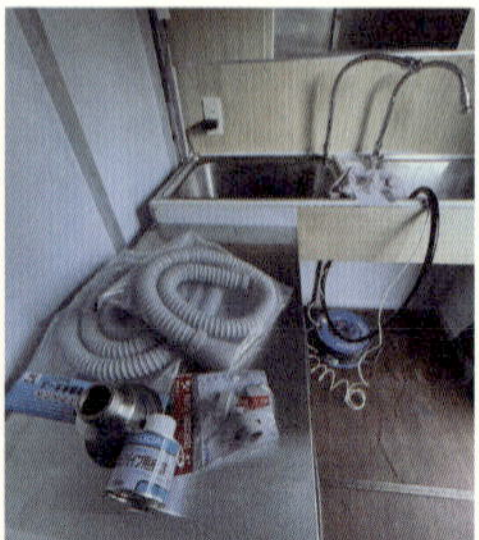

焼き色が付いたら取り出しておく。

③フライパン（②）からタイム、唐辛子を取り除き、小分けにしたカリフラワー（①）とAをすべて入れてバーミックス（ハンドブレンダー）等で滑らかな状態にしておく。

④鍋に水と塩を入れて沸かし、スパゲッティーニを袋表記の時間より4分ほど短く茹で上げる。茹で汁（50ml）は残しておく。茹で上げと同時になるようにフライパン（③）を沸かしておく。

⑤フライパン（③）にスパゲッティーニと茹で汁（④）、パルミジャーノを入れて3〜4分煮詰める。

⑥お皿にパスタを盛り、飾り用のカリフラワーを乗せたら完成（カリフラワーのグラタンなど、いろいろと応用できます）。

11月20日（月）晴れ

今日は昨日の作業を続ける日。

キッチンカー申請（店舗や仕込み場所を持たない独立型申請）のポイントは、水の量です。

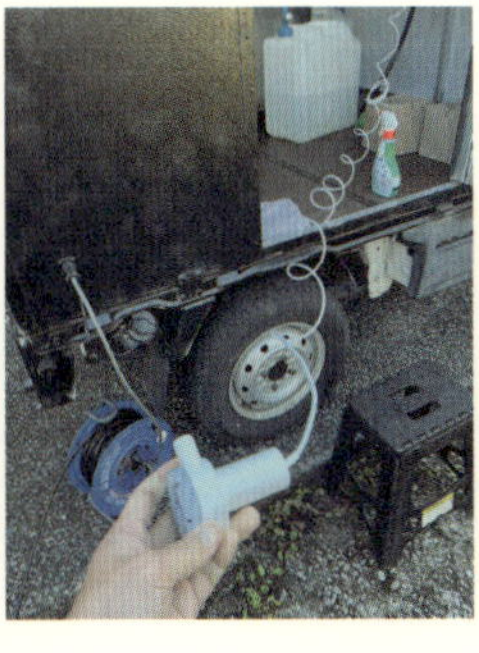

食品衛生法で給水は40L、80L、２００Lの3種類で申請することと統一されたので、たとえば40L申請の場合だと、給水40L、排水するタンク容量40Lと合計80Lのシステムが必要になります。

提供できるメニューも3種類の規格で大きく異なり、40L申請だと、一次加工所で調理済みのものを焼く、揚げる、蒸す等に限定され、販売できるのは1品目に限定されます。

現在のところ実店舗を持ち合わせていない僕の選択肢は、二択。

ひとつ目は、40Lもしくは80Lの申請で、保健所の許可を有する別の仕込み場所を借りるか、仕込み場所（工場や店）を作る。または、一次加工所で作られた商品を購入し、それに一手間を加えたメニューを販売する。

ふたつ目は、２００Lの申請で、寿司でも焼きそばでも、キッチンカーで仕込めて販売可能にする、いわば本当の独立移動型店舗。

もちろん、目指すは二番目の独立移動型店舗です。

僕が用意した、中古キッチンカーのベースは軽トラ（小さくて可愛いから）。そこに４００L分の給排水システムタンクを導入すると、ほぼ荷台にプールを造るイメージになってしまうので笑っちゃいます。

他にも軽トラだと積載量３００kgの制約もあるので、給水用の水

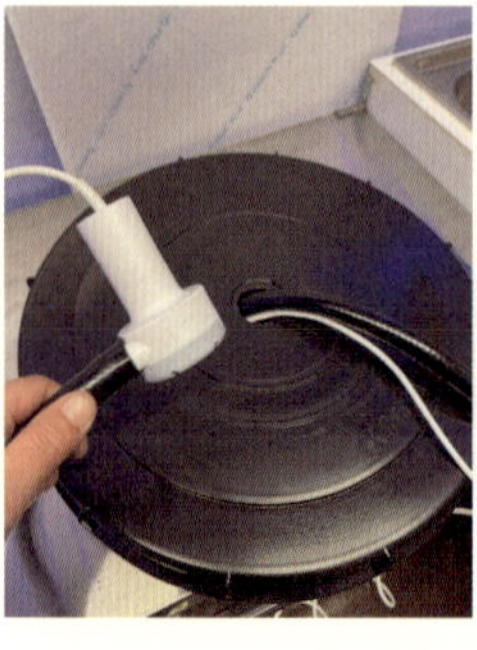

200Lと冷凍冷蔵庫だけで、ほぼ300kg近くになってしまいます。悩ましい問題ですが、知恵と発想で何とか乗り越えて行かねば。

ひとまず今日は200L給水設備を取り付けました。あとは、排水先のタンク200Lを用意しなければ。まだまだ道のりは長いですが、応援していただけたら喜びます。

今日は忙しい朝でしたので、とろろご飯と味噌汁の献立でした。

とろろご飯

材料

（抗酸化作用抜群の美肌出汁）
◎水　500ml
◎昆布　1・5g
◎鰹節　3g
◎ターメリック　小さじ½
◎シナモンパウダー　0・5g
◎カルダモンパウダー　1g

◎クミン　小さじ½

（とろろ）

◎自然薯　200g

◎塩魚汁　適量

作り方

①美肌出汁を作る。昆布をハサミで細かく切り、すべてを鍋に入れて中火で沸かす。沸騰したら弱火にして3分煮出す。

②すり鉢で皮付きのまま自然薯をすりおろし、塩魚汁、出汁（①）を合わせ混ぜたら完成（お好きな量でお好みの塩気と濃度に調整してください）。

余った出汁は、冷蔵庫の余りなどを入れ、味噌汁や鍋の素にも使えます。

11月21日（火）快晴

今日はのんびり過ごそう。そんな気分に従い、頭をオフモードにした朝。

キッチンカーを走行中、スマホを充電できるようにしたい。最近の車はUSBケーブルが接続できたり、シガーソケットに変換器を付ければ可能だったりと快適にできています。

ところが僕のキッチンカーにはシガーソケットがない。となると、パネルの裏にある配線を探して接続作業をしなければならない。オートバックスで相談したら、工賃3800円で可能とのこと。自分で作業をして間違える不安をこの値段で解決できるのならば、と作業日程を決めてオートバックスを後にしました。

今夜は山が好きな医療従事者がふたり、ご飯を食べに来ます。ひとりは森の保健室を構想中の仁美ちゃん。もうひとりは東大の治験をこなし、世界中の子どもたちの目を良くしたい、視能訓練士のミカちゃん。プチコースのご用意をしなければと焦り始める僕。急いで仕込み始めました（のんびり気分はどこへ行った?）。

生姜焼きカレー

材料

（野菜、肉の下ごしらえ）

◎豚小間切れ　100g
◎玉葱　⅓個
◎ニンニク　1個
◎生姜　10g

（ガラムマサラ）

◎カルダモン　1個
◎シナモン　小指の爪ほど
◎コリアンダー　小さじ1
◎クミン　小さじ½
◎黒粒胡椒　小さじ½
◎クローブ　2粒
◎スターアニス　⅓個

（生姜焼きのタレ）

◎醤油　小さじ1と½
◎みりん　小さじ1
◎砂糖　小さじ1
◎日本酒　小さじ1
◎おろし生姜　10g

（テンパリング）

◎胡麻油　小さじ1
◎唐辛子　1本

A

◎クミン　小さじ½
◎フェヌグリーク　小さじ½
◎イエローマスタードシード　小さじ½

（生姜焼き）

◎胡麻油　小さじ1
◎塩　ひとつまみ

（生姜焼きカレーの仕上げ）
◎水　500ml
◎柚子汁　1個
◎柚子皮　適量（千切り）

下準備

◎下ごしらえの野菜はすべて、みじん切りにする。
◎豚小間切れは、ひとくちサイズに切っておく。
◎ガラムマサラのスパイスをすべてミルミキサーで粉にする。
◎生姜焼きのタレを作る。材料をすべて混ぜておく。

作り方

①テンパリングする。鍋に胡麻油と唐辛子、Aのスパイスを入れ、弱火で香りを十分引き出してから、みじん切りした野菜を加え、少し強めの中火で玉葱がほんのり透き通るまで炒める。
②生姜焼きを作る。ボウルに塩、胡麻油、豚小間切れを入れて混ぜておく。テフロンフライパンに豚肉を広げてから、強火で片面に香ばしい焼き色を付ける（後で煮ますから、肉に火を通す必要はありません）。

焼き色が付いたら、テンパリングした玉葱（①）、ガラムマサラ、生姜焼きのタレを入れて一煮立ちさせる（この時点でスパイス生姜焼きが完成しています）。

③カレーの仕上げに入ります。生姜焼き（②）に水（500ml）を足し、中火で沸騰させたら極弱火にして20〜30分ほど（豚肉が柔らかくなるまで）煮詰める。最後に柚子汁、千切りした柚子皮を入れたら完成。

添えたのはオカワカメ、未熟青トマト、柿、ヨーグルト、紫玉葱、無花果、菊の花弁、ココナッツ、カスリメティです。

11月22日（水）快晴

雲ひとつない見事な快晴。今日はゆるっと、ドライブがてらの紅葉狩りに、皆野町、長瀞町、寄居町を流し、ついでに深谷市のホームセンターに立ち寄りました。

ホームセンターに来ると、キッチンカーの排水用タンクで頭の中はいっぱいです。あれこれ悩み、「よし決めた、いや待てよ」の繰り返し。たくさん頭を使うと疲れます。

帰り道、雲ひとつない空がオレンジ色に染まっていました。美しい自然に囲まれ、移住して良かったなとしみじみ思った日です。

戻り鰹の藁焼き

材料
◎皮付きのままのニンニク　1個

A（アイオリソース）
◎オリーブオイル　45ml
◎イエローマスタードシード　小さじ1
◎クミン　小さじ½
◎唐辛子　1本
◎卵黄　1個

B
◎塩胡椒　適量
◎しょっつる　小さじ½

◎カボス果汁　10g
◎サワークリーム　作り方②のニンニク半量と同じ重さ

C

（マリネ野菜）
◎紫玉葱　60g（みじん切り）
◎パクチー　20g（みじん切り）
◎ホワイトバルサミコ酢　大さじ2
◎クローブパウダー　1g
◎塩　ひとつまみ
◎粗挽きブラックペッパー　ひとつまみ

（鰹のタタキ）
◎柵取りの鰹　230g
◎塩　適量
◎藁　適量

（盛り付け）
◎カボスの皮　適量（千切り）
◎ポン酢　適量

◎スライスニンニク
◎菊の花弁

作り方

①Aをすべて鍋に入れて弱火で香りを引き出す。唐辛子を取り除き、粗熱を冷やしておく。
②皮付きのままニンニクをトースターで焼く。ニンニクに火が通って柔らかくなったら、剥いて重さを計っておく。
③カボスの皮を飾り用に剥き、千切りしておく。残りのカボスを搾り、果汁を取り出す。
④ボウルに卵黄、塩胡椒、しょっつる、カボス果汁を入れ、よく混ぜる。
⑤焼いたニンニク（②）、サワークリームを加えて泡立て器（ハンドミキサーなど）でクリーム状になるまで混ぜる。（①）を少しずつ加えて混ぜ、もったりとしたソース状にしたら、アイオリソースの完成です。
⑥ボウル（⑤）にCをすべて入れ、マリネ野菜とソースをよく混ぜ合わせておく（サラダやいろいろな料理の付け合わせになります）。
⑦鰹に金串を刺して、塩をふります。藁を燃やして鰹を焼き、タタキにします（ガスコンロの場合、強火で一気に焼くといいです）。

⑧鰹のタタキを薄めにスライスし、ポン酢にくぐらせ、お皿に丸く盛る。残りのアイオリソース（⑤）を適量、スライスニンニク、カボスの皮千切り（③）、マリネ野菜（⑥）、菊の花弁を飾り付けたら完成。

11月23日（木・祝日）薄曇りのち晴れ

昨日、あおいちゃんから「独歩ちゃんに巣蜜のお裾分けをしたく、LACの新堀さんに預けておきました」と連絡をいただいたので、引き取りに向かう。

LAC横瀬（Living Anywhere Commons横瀬）は誰でもフリーに使用できる施設で、情報交換スペース、交流スペース、コミュニティスペース、ワークスペースの機能を備えていて、毎日のようにここから新しい提案が生まれています。

新堀さんは横瀬町地域おこし協力隊員として、そこの管理をされている方です。さてさて、とても嬉しいお裾分けを「どのようにして食べようかしら」などと考えつつ、キッチンカーのタイヤのホイールを塗り替えた一日でした。

コムハニーとサツマイモ

材料

（下ごしらえ）

◎サツマイモ　130g
◎水　適量

（テンパリング）

◎オリーブオイル　小さじ1
◎唐辛子　1本
◎タイム　1g
◎クミン　0・5g

（ブルーチーズクリーム）

◎粉ゼラチン　1g
◎ブルーチーズ　20g
◎生クリーム　40ml

（盛り付け）
—◎コムハニー（巣蜜）15g

下準備

◎サツマイモを丸のまま5分茹で、7ミリほどの輪切りにする。

作り方

①テンパリングする。フライパンにオリーブオイル、タイム、唐辛子、クミンを入れ、弱火で香りを引き出したら、茹でたサツマイモに絡めながら焼き色を付け、冷やしておく。
②粉ゼラチンとブルーチーズを湯煎にかけて溶かしておく。
③生クリームを8分立てにして、ブルーチーズと混ぜ合わせる。
④お皿に冷やした（①③）を重ねて、コムハニーを乗せたら完成。

11月24日（金）晴れ

午前11時、オートバックスへ。キッチンカーでスマホの充電ができる

ように、シガーソケットの取り付け作業をしてもらう。ここまでは良かった。

20分ほどの待ち時間のあいだに充電機コードを目隠しできるアイテムを見つけたので、1100円で購入し、取り付ける。しかし、付属の両面テープは役立たずで剥がれるし、コードをしっかりホールドしない。「こんなモノ使えるか」と苛立ちながら廃棄した。

保健所に立ち寄って給排水タンクの相談をするつもりが道を間違えてしまったので、帰ってキッチンカーの塗装を始めることにしようと思ったところで、キッチンカーをぶつける。高さ的に「ギリ通れるだろう」と思ってしまった。普段ならそんな危ない橋は渡らないのに……。

自分で直せるか試したところ、無理なことが判明。キッチンカーの塗装を始めたら楽しい気分に戻るのでは？　と、半ばヤケクソ気味にペンキを塗り始めたが、すぐに後悔する。本来ならペンキが付かないようマスキングを施し、下地塗りをするのだが、そのまま始めてしまったせいだ。しかも色見本とだいぶ異なる色味だったので、途中でやめてしまった。

そして僕はふて寝した。

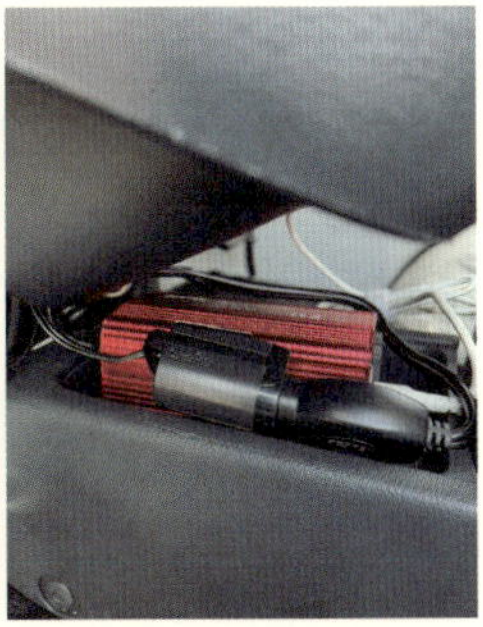

ターメリックのガリ

材料

（ガリ作り）
◎秋ウコン　100g
◎水　500ml

A

◎シナモン　1g
◎カルダモン　2個
◎クローブ　3粒

（甘酢）
◎米酢　60ml＋20ml
◎ザラメ　50g
◎塩　10g
◎唐辛子　1本

B

（ウコンエールシロップ作り）
◎ザラメ　200g
◎柑橘類　1個（果汁と皮）今回は柚子を使いました

◎唐辛子　1本

作り方

①秋ウコンをスライサーなどで薄く切る。
②鍋に水（500ml）、Aを入れ沸かす。沸騰したらAのスパイスを取り除き（後でウコンエールシロップ作りに使用します）、スライスウコン（①）を入れ、火を止めてぐるっとかき混ぜたら、ザルとボウルを重ねて漉す（この時、煮汁を捨てないように。後でウコンエールシロップ作りに使用します）。
③甘酢を作ります。米酢（60ml）とザラメ、塩、唐辛子を鍋に入れ、弱火で塩とザラメを溶かす（沸騰させないようにしましょう）。
④ザルにあけたウコン（②）を、煮汁ボウル（②）上で手で絞り水気を切ります。この時、次の工程で作るウコンエールシロップ用に、ウコン（10g）は別に取り分けておきます。それ以外のウコンは甘酢（③）と混ぜ、米酢（20ml）を足し、半日ほど漬けたらターメリックのガリの完成。冷蔵庫で1週間ほど保存できます。
⑤ウコンエールシロップを作ります。鍋にウコンを茹でた煮汁（②）とウコン（④、10g）、取り除いたスパイス（②）、Bをすべて入れ、中火で沸かしたら火を止め、よくかき混ぜてザラメを溶かす。

冷まして消毒済みの保存瓶などで保存します。炭酸で割ればジンジャーエールのような飲み方が出来ますし、料理の隠し味や、ワインに入れたりと、何でもござれです。

11月25日(土)快晴

昨日のショックが思いのほか効いていたみたいで、今日はオフモード。

朝から知り合いが遊びに来たので、朝ご飯を作り、だらだらと喋って、日常の買い出しに連れ回し、夜ご飯を作って食べ、駅まで送り届けた。

久しぶりに休日のような一日だった。

今日は常備菜と明日のカレー用の出汁を作ります。

佃煮

材料

◎梅干　1個
◎ネパール山椒　小さじ½
◎煎り白胡麻　5g

A

◎醤油　大さじ2
◎みりん　大さじ1
◎日本酒　大さじ2
◎甜菜糖　大さじ1

（出汁）

◎水　1・5L
◎昆布　6g
◎厚削り鰹節　15g

下準備

◎出汁を作る。

鍋に水（1・5L）と昆布、鰹節を入れ、沸騰したら弱火にして5分煮出す（出来上がり1・2L）。ザルとボウルを重ねて、出汁から昆布、鰹節とは出汁は分けておく（出汁は翌日のカレーに使います）。

作り方

①下準備で残った出汁から昆布と鰹節を千切りにする。梅干は種を取り除き、包丁で叩いて細かくする。ネパール山椒はミルミキサーで粉にする。

②鍋にAの調味料を混ぜて（①）を加えたら中火にかけ、沸いたら極弱火にして汁気がなくなる手前まで煮詰める。白胡麻を加え混ぜて冷ませば完成。

ベビー帆立のガリ和え

材料

◎蒸しベビー帆立　100g

◎ウコンのガリ　20g（昨日のレシピで作ったもの）

◎パクチー　10g

作り方

①ウコンのガリを千切りにする。パクチーをみじん切りにする。ベビー帆立とウコン、パクチーを混ぜたら完成。

紫キャベツのライタ

材料

◎紫キャベツ　50g
◎塩　ひとつまみ
◎グリーンフェンネル　小さじ½
◎レモン果汁　大さじ1
◎水切りヨーグルト　100g

作り方

①キャベツを千切りにし、塩と混ぜしんなりさせておく。レモン果汁、

グリーンフェンネルを加え混ぜ、10分ほど置く。水切りヨーグルトと混ぜたら完成。

サツマイモのスパイス汚し

材料

◎サツマイモ　80g
◎梅酢　小さじ1
◎ナンプラー　3滴

A

◎ターメリック　ひとつまみ
◎ココナッツオイル　小さじ1
◎ジンブー　ひとつまみ
◎フェヌグリーク　ひとつまみ
◎クミン　ひとつまみ

作り方

①サツマイモを蒸すか茹でて、乱切りにする。ボウルに梅酢、ナンプラー、

ターメリックを混ぜてから、乱切りしたサツマイモと絡めて下味を付けておく。
②鍋にAを入れ、弱火で香りを出したらサツマイモ（①）にかけて、混ぜたら完成。

青菜のココナッツ和え

材料

◎クミン　ひとつまみ
◎オカワカメ　30g
◎ココナッツファイン　5g

作り方

①クミンをフライパンで乾煎りしておく。オカワカメを熱湯にサッと潜らせて冷水に取り、水気を絞ってから適当に刻む。クミン、オカワカメ、ココナッツファインを混ぜ合わせたら完成。

11月26日（日）曇り時々晴れ

今季初、氷点下の朝。寒さへの耐性を身に付けようと、まだ短パンとシャツ、カーディガンで過ごしているのだが、いつまでいけるのか楽しみです。

今日は、来年に子どもが産まれる予定の息子夫婦が、報告を兼ねて遊びに来ました。長男は、シングルファーザーで頼りなかった僕の代わりに、とてもよく妹の面倒をみてくれた、優しく頼り甲斐のある自慢の息子。

たくさんの苦労をかけたから、いっぱい、いっぱい、幸せであってほしい。

そんな息子夫婦のために作ったカレーのレシピです。

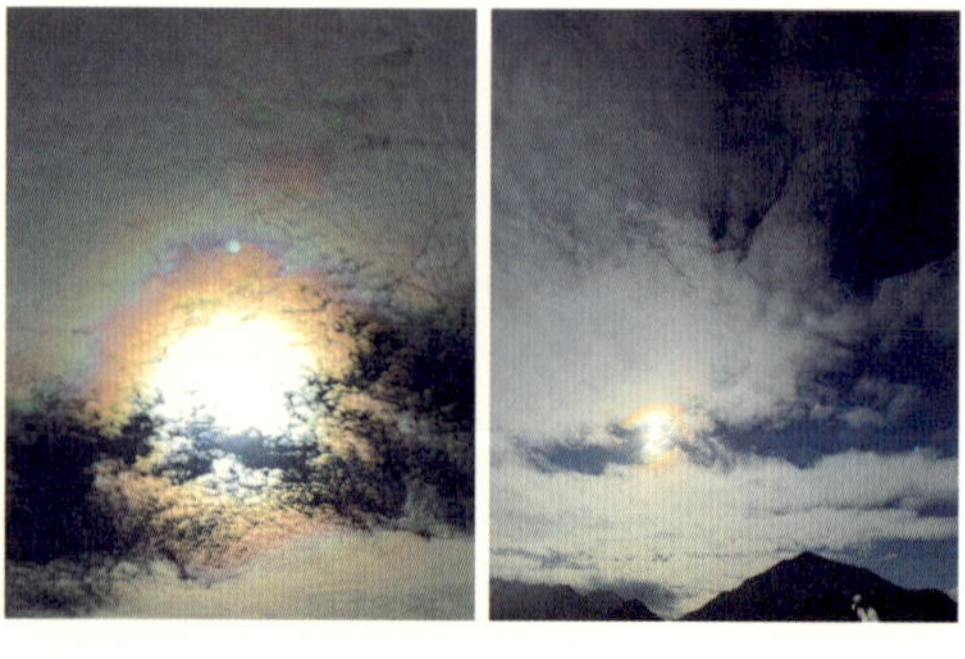

2種カレーの合いがけ

材料

（下ごしらえ）
◎米油　小さじ1
◎玉葱　1個
◎ニンニク　3片
◎生姜　ニンニクと同量

（ガラムマサラ）
◎ローリエ　1枚
◎シナモン　小指の爪ほど
◎カルダモン　2個
◎クミン　小さじ1
◎コリアンダー　大さじ1と½

（青のりカレー）
◎米油　小さじ1

◎唐辛子　1本

A

◎クミン　小さじ½
◎イエローマスタードシード　小さじ1

B

◎昨日の出汁　600ml
◎ターメリック　小さじ½
◎フェヌグリーク　大さじ1
◎塩　ひとつまみ
◎みりん　大さじ1と½

C

◎麦味噌　30g
◎青のり　150g

（里芋のカレー）

◎里芋　350g（皮を剥いた時の重さ）
◎ココナッツオイル　小さじ1と½
◎カレーリーフ　1枝

D

◎昨日の出汁　600ml
◎フェヌグリーク　大さじ2
◎黒粒胡椒　小さじ1

◎ココナッツファイン　25g
◎ターメリック　小さじ½
◎パプリカパウダー　小さじ1
◎牡蠣醤油　大さじ1
◎塩　ふたつまみ

（バスマティライス）

◎バスマティライス　2合
◎塩　小さじ½
◎マスタードオイル　小さじ½
◎ローリエ　1枚
◎水　450ml

下準備

◎下ごしらえの玉葱、ニンニク、生姜をすべてみじん切りし、米油をひいた鍋で玉葱が透き通ってねっとりするまで弱火で炒める。
◎ガラムマサラの材料をミルミキサーで粉にする。

作り方

①青のりカレーを作る。
鍋に米油とA、唐辛子を入れ、弱火で香りを引き出す。

②鍋（①）に、Bと下準備でみじん切りした玉葱（半量）を加え、中弱火で5分ほど煮る。麦味噌を溶かし入れ、青のりを加えたら完成。

③里芋のカレーを作る。
里芋を蒸すか茹でるかして、皮を剥き、乱切りにする。

④鍋にココナッツオイル、カレーリーフを入れ弱火で香りを引き出す。

⑤鍋（④）に、下準備で粉にしたガラムマサラとみじん切りした玉葱（残り半量）、里芋（③）、Dをすべて入れ沸騰させたら、中火で4分ほど煮て弱火にし、さらに3分ほど煮たら完成。

⑥バスマティライスの材料をすべて炊飯器に入れて炊く。
盛り付けの副菜は、昨日のレシピを参考にしてください。

11月27日（月）快晴

氷点下のせいか、空が青く遠くの景色も透き通って見える。外へ買い

物に出て、なぜだか「Benjamin_Mason へ行ってコーヒーを飲もう」と思い、車を走らせた。

片道40分ほどで到着。以前、顔合わせをしていましたが、初来店でしたのでオススメのコーヒーをいただきました。

衝撃的な美味しさのコーヒー。桃のニュアンスが鼻腔をくすぐり、ふくよかなまろみが喉へと滑り込んでゆく。「私は果実だったのよ」と、そのコーヒーは語りかけてくる。瞳孔が開くのが自分でも分かるくらいに旨い。

飲んでいるそばから、この豆で無性にカレーを作りたくなってしまった。

桃の香りがする コーヒー豆のカレー

材料

（ガラムマサラ）

◎コーヒー豆　15g

◎コリアンダー　小さじ1と½
◎クミン　ひとつまみ
◎ローリエ　1枚

（バスマティライス）

◎バスマティライス　1合
◎水　320ml
◎コーヒー豆　12粒
◎塩　ひとつまみ

（テンパリング）

◎太白胡麻油　小さじ1
◎カルダモン　2個（中身のみ）
◎クミン　ひとつまみ
◎玉葱　½個（みじん切り）
◎水　適量

（グレービー）

◎白桃缶詰　90g
◎桃の酒（養命酒）　100ml
◎水　300ml
◎塩　ひとつまみ
◎エクストラチリパウダー　耳かき1杯

（副菜1）

◎コーヒー豆　16g
◎沸騰した湯　100ml
◎氷　適量
◎白桃缶詰　130g
◎キンゾイ　2g（刻む）
◎ミニ生モッツァレラ　13個

（副菜2）

◎ココナッツオイル　小さじ1
◎唐辛子　½本

◎クミン　ひとつまみ
◎フェヌグリーク　小さじ1と½
◎ミックスナッツ　50g
◎グリーンフェンネル　小さじ1
◎塩　ひとつまみ

下準備

◎ガラムマサラの材料をすべてミルミキサーで粉にする。

作り方

①バスマティライスの材料をすべて炊飯器に入れて炊く。
②テンパリングする。鍋に太白胡麻油とカルダモン、クミンを入れ、弱火で香りを引き出したら、玉葱のみじん切りを加えて中火で炒める。メーラード反応で玉葱が茶色くなり、鍋底にこびり付き始めたら少し水を足して、こそげながら濃いめの茶色（コーヒー豆のような）になるまで炒める。
③玉葱を炒めた鍋（②）に白桃（90g）を加え、果実を崩しながら中火で炒める。

④ガラムマサラを加えて少し炒めたら、水（３００ml）と桃の酒（１００ml）を入れて、３分ほど煮詰める。
仕上げに塩とチリパウダーを加えて、味を調えたらカレーは完成。
⑤カレーの（副菜1）を作る。
コーヒー豆をミルミキサーで挽き、熱湯でコーヒーを淹れる。ボウル等に移し、ひとまわり大きなボウルに氷を入れて、その中で急速に冷やす。
⑥冷やしたコーヒーに桃を崩し入れ、モッツァレラと刻んだキンゾイを入れ、即席コーヒー漬けを作る。
⑦カレーの（副菜2）を作る。
フライパンにココナッツオイルと唐辛子、クミン、フェヌグリークを入れて、弱火で香りを引き出す。ミックスナッツを加えて全体を絡めながら、焼き色を少し付ける。火を止めて、塩、グリーンフェンネルを入れ混ぜ合わせる。
⑧お皿にご飯、カレーをよそい、副菜を乗せて完成。

11月28日(火)快晴

今日も身体がだるい。朝4時に起きて事務仕事をしてみたもののイマイチで、2時間ほどゴロゴロしてみた。

働かないおじさんになってしまいそうなので、キッチンカーの塗装を始めてみた。気付けば11月も終わるではないかと焦りがよぎる。予定とはずいぶん違う現在を反省しながら、12月中に取り戻す作戦を考える。

山に住んでから、自分の弱点がよく分かるようになった気がする。修行僧が山に籠るのは、こういうことなんでしょうか。

夜、火を焚いて少し考えてみよう。

カレー寄りロメスコソース

材料

(下ごしらえ)

◎赤パプリカ　1個(170g)

◎トマト　1個(135g)

◎玉葱　¼個
◎ニンニク　5片
◎柚子皮　4g
◎パン　45g（食パンでもバケットでも）

（テンパリング）
◎オリーブオイル　100ml
◎唐辛子　1本
◎クミン　小さじ1
◎カルダモン　2個（中身のみ）
◎ミックスナッツ　50g

A

（ペースト）
◎シェリービネガー　大さじ2（酢なら何でも可）
◎塩　小さじ½
◎タバスコ　小さじ1
◎パプリカパウダー　大さじ1

◎ターメリック　小さじ½

下準備

◎赤パプリカを真っ黒に焼き、皮を剥いておく。
◎トマトは、ヘタを取ってスライスしておく。
◎玉葱はみじん切り。
◎ニンニクは皮を剥き、包丁で潰しておく。
◎柚子の皮を削いで、千切りにする。
◎パンはトースターでこんがり焼いて、サイの目に切っておく。

作り方

①テンパリングする。フライパンにミックスナッツ以外のテンパリングの材料と、下準備で潰したニンニクを入れ、弱火で香りを出す。さらに、みじん切りした玉葱とスライスしたトマトを入れたら中火にし、トマトに焼き色を付けたら、ミックスナッツ、千切りにした柚子皮を入れ、少し焼き色を付ける。

②Aと炒めた具材（①）、下準備しておいたパンと赤パプリカをすべてミキサーにかけてペースト状にしたら、ロメスコソースの完成。

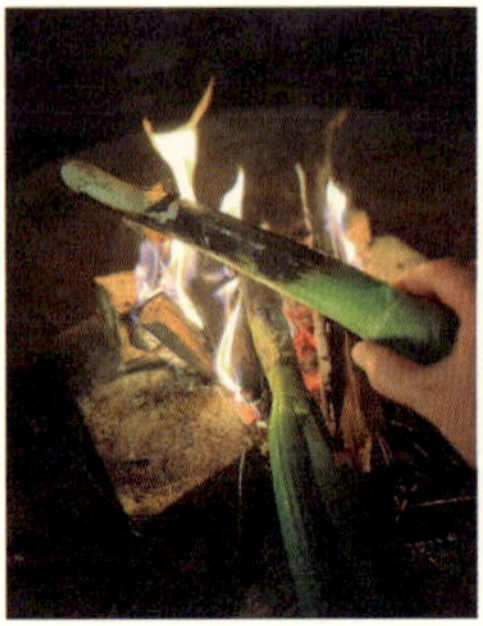

スペインでは、カルソッツという長ネギに似た野菜を、直火で真っ黒に焼き、皮を剥いてこのソースで食べるカルソッツ祭りが存在します。今回は深谷産の長ネギホワイトスターとスペイン産豚バラブロックを焚き火で焼いて、ロメスコソースでいただきました。

ソースは冷蔵1週間、冷凍なら1か月は保存できますし、何でも美味しくなっちゃうソースです。

11月29日（水）晴れ

朝4時起床。バタバタと準備をし、東京へ。

今回訪れたのは、野草やマクロビで有名な吉度ちはるさんの「食養おせち料理教室」です。砂糖を一切使わずおせちを作るなんて（和食は本来そうでした）、現代社会の砂糖奴隷たちには意味の分からない世界です。

ちはるさんの教えには、たくさんの学びがありました。感覚料理人の僕は、与えられた知識だけでは腑に落ちないことが多く、自分の中から芽生えたものを突き詰めた結果が今なんです。僕の志向は「人が喜んでくれる」という結果と、「自然への畏敬の念」がすべてで、そこに自分の

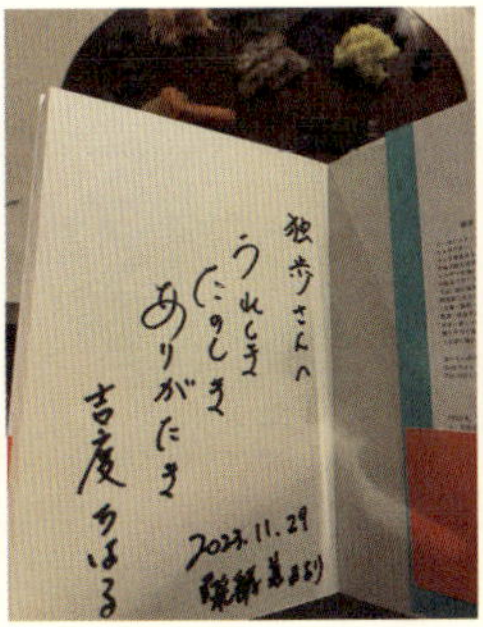

欲を足すと必ず失敗しました。

学びに行くと答え合わせができることが多いんです。ジャンルを問わず、突き詰めた人たちの答えは意外にも同じだったりするから不思議（でも、似た考えに安心しているだけでは？　と自問自答することもよくある）。

何はともあれ、出会いに感謝した一日でした。

ハックルベリージャムのカレー

材料
（ハックルベリージャム）
◎重曹　2g

A
◎ハックルベリー　100g
◎水　適量

B
◎蜂蜜　50g
◎柑橘果汁　小さじ1（完熟カボス）

（ガラムマサラ）

◎カルダモン　1個
◎ローリエ　½枚
◎スターアニス　½個
◎グリーンフェンネル　小さじ½
◎コリアンダー　小さじ1

（テンパリング）

◎オリーブオイル　小さじ1
◎カルダモン　1個
◎シナモン　小指の爪ほど
◎クミン　小さじ½
◎イエローマスタードシード　小さじ1

C

（野菜）
◎玉葱　¼個（みじん切り）
◎ニンニク　1片（みじん切り）

（グレービー）

◎水　200ml
◎塩　ふたつまみ
◎エクストラチリパウダー　お好みで

下準備

◎ハックルベリーのヘタを取り、水洗いする。アク抜きのためAを鍋に入れて水から沸かす。沸騰したら重曹を入れ、弱火で5分ほど煮てザルにあける。
◎ガラムマサラの材料をミルミキサーで粉にする。

作り方

①ハックルベリーのジャムを作る。
下準備したハックルベリー、Bを鍋に入れて弱火にかけ、木べらで潰しながらお好みの濃度に煮詰めたら完成ですが、今回は煮詰めずカレーに。

（ジャムなどを美味しく作るコツは、甘味となる糖類の性質と柑橘の酸味の方向性が鍵だと思うのです）

②カレーを作る。
テンパリングする。材料を鍋にすべて入れ、弱火で香りを引き出す。
③鍋（②）にCを入れて、中火で炒める。
④玉葱が色付き透明感が出たら、煮詰めてないハックルベリージャム（①）、ガラムマサラを加え、弱火で混ぜながら一煮立ちさせる。
⑤水（200㎖）と塩を加えて沸騰させたら、5分ほど弱火で煮詰めてカレーの完成。

カレーをさらに煮詰めると、スパイシーなソースにもなります。

今回は、炊飯器でカピカピになったバスマティライスと、焼いたラムモモ肉を添えていただきました。

11月30日(木)晴れ

外は寒いが良い天気なので、塗装作業を始めた。思いのほか風が冷たく、今季初のジャンパーを着る。Tシャツ、短パン、カーディガンだけでは無理な季節となったようだ。

冷えた身体を温めたく、湯船に浸かりながらレシピを考えた。

つみっこって知っていますか？　いわゆる「すいとん」なんだけど、秩父界隈では手で摘んで湯の中に入れるから「つみっこ」と呼ぶらしいです。

つみっこパスタ見立て

材料

（下ごしらえ）
◎紫キャベツ　60g
◎水　120ml
◎塩　ひとつまみ
◎山椒粉　1g

（つみっこ生地）
◎小麦粉　100g（薄力粉）

（パスタソース）

◎卵　1個
◎パルミジャーノ　10g
◎生クリーム　120ml
◎S&B赤缶カレー粉　小さじ½
◎ターメリック　小さじ½
◎粗挽き黒胡椒　2g
◎塩　ひとつまみ

下準備

◎キャベツを千切りにする。水（120ml）に塩、山椒を入れて沸いたら千切りキャベツを加え、再び沸騰したら極弱火で5分煮る。ハンドブレンダーにかけペーストにしてから、冷まして粗熱を取る。

作り方

①下準備で作ったキャベツのペーストを、小麦粉（100g）に入れ捏ねる。耳たぶくらいの硬さになるように、水か小麦粉で調整してください。分量外のお湯を沸かして、生地を摘んで入れる。浮いてきたらザ

ルに取り出す。

②パスタソースを作る。

卵を割り、よく混ぜておく。パルミジャーノを削って粉にしておく。

③鍋に生クリーム、カレー粉、ターメリック、胡椒、塩を入れ沸かす。

沸騰したら火を止めて、パルミジャーノを入れ混ぜてから、溶き卵を入れ手早く混ぜ、余熱で火を通す。

④お皿にソースを敷き、つみっこを乗せたら完成。

12月

12月1日（金）晴れ時々曇り

寒くて起きた。紅葉の色が抜けて霜が降りると、辺り一面が灰色へと変わってゆく。

3軒隣に引っ越して来た仁美ちゃんは、東京のお店に来ていたお客様。秩父にも遊びに来ていたら、すっかりハマって移住を決意。「ココア淹れますが飲みますか？」と、茶菓子もご馳走になりました。

お返しに、ツマミにもオカズにもなるコンフィを作って、明日持って行こう。

オスシシャモのコンフィ

材料

◎ししゃも　15本（雌雄どちらでも）
◎塩　適量
◎スライスニンニク　2片
◎唐辛子　2本
◎ローリエ　2枚
◎クミン　大さじ1
◎コリアンダー　大さじ1
◎黒粒胡椒　小さじ1
◎ネパール山椒　小さじ1
◎柚子皮　½個分
◎ローズマリー　3枝
◎タイム　10枝
◎オリーブオイル　適量

下準備

◎ししゃもに軽く塩をふり、10分脱水する。ペーパータオルで水分を拭き取る。

作り方

①オリーブオイルを鍋底が隠れるほど入れ、ししゃもを並べる。
②ハーブ類などすべての材料を入れ、ししゃもが隠れるまでオリーブオイルを足したら極弱火をつける。
③80～90℃を保ち、40～50分煮たら完成。

そのまま食べても美味しいですが、少し炙って焼き色を付けるとなお美味しいです。具材はししゃもでなくてもOKです。

12月2日㈯晴れ時々曇り

秩父地域最大の祭り「秩父神社例大祭　宵宮」が2日間に分けて始まった。
この祭りが正妻公認の逢瀬祭だと知ると、神様のおおらかさを感じ、

知的好奇心がくすぐられます。

「コーヒー飲みに行きましょう」と仁美ちゃんに誘われて、今日は朝からおデート。

長瀞のBenjamin_Masonへ。帰りは皆野町の道の駅に寄ってから、これまた一番のお気に入りのジェラート屋、定峰峠のジェラテリアHANA、そして秩父界隈で一番の漢前がいる秩父駅前のTAKIBIYAに。

あ〜濃ゆい。そのまま秩父夜祭り「宵宮」に突入しそうでしたが、おじさんは体力がないので、知的好奇心溢れまくりの仁美ちゃんを煌めく祭りに解き放って帰りました。

白菜芯のスパイスサラダ

材料

（下ごしらえ）
◎白菜の芯　3枚
◎みかん　1個
◎キウイフルーツ　1個

◎パクチー　好きなだけ

A

（ドレッシング）
◎コリアンダー　小さじ1
◎クミン　小さじ½
◎ホワイトバルサミコ酢　小さじ1
◎オリーブオイル　大さじ1

B

◎塩　適量
◎黒胡椒　適量

下準備

◎白菜を唐草切りにして、水に浸けておく
（水を吸って自然と丸まります）。
◎みかんの皮を剥き、ひとくち大に切る。
◎キウイの皮を剥き、ひとくち大に切る。
◎パクチーを小口切りにする。

作り方

①Aをミルミキサーで粉にする。
②AとBを乳化するまでよく混ぜたら、みかん、キウイ、パクチーと混ぜてドレッシングの完成。
③水に浸けておいた白菜をザルにあけ、水気を切る。皿にドレッシング（②）を敷き、白菜を載せたら完成。

12月3日(日)晴れ

昨日からずっと花火が上がりっぱなし。

この2日間で5千発以上の打ち上げは、壮観の一言。

今日は秩父夜祭りの「大祭」。約35万人が訪れる一大イベントだ。普段は20時を過ぎれば鹿と狸と熊ぐらいしか見当たらない町が、人で溢れ返る。鳴り止まない祭太鼓と終わりが見えない出店の並びで、祭りのピークは22時。そして秩父の人は燃え尽きるのです。

秩父夜祭りと言えば逢瀬だから、僕は東京で人妻とデート（と言いつ

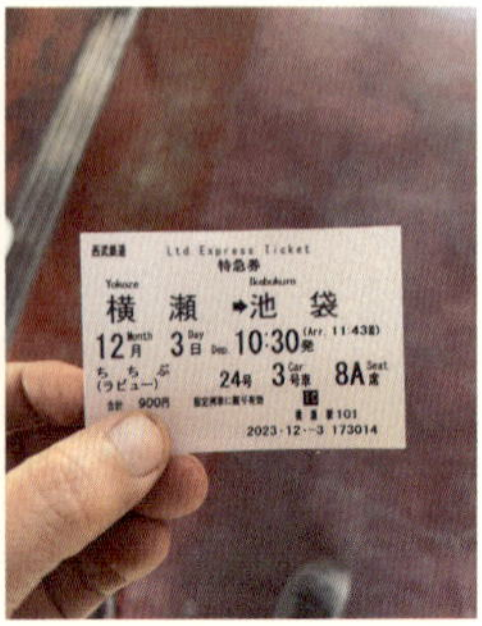

つ、そういうのではありません）。商業施設やレディースファッションを観て回るのに、女性と一緒の方が怪しまれないからです。

店や料理を作る際、大量の情報を咀嚼して自分のアイデンティティ、「らしさ」を固めていく作業が不可欠なので、たまにこんな活動をします。

たっぷりと「今」を吸収したので、居酒屋で呑んでから21時頃に山荘に戻ったところ、その後はまるで戦争でも起きたかのような轟音が家を揺らし、それはそれは凄まじい尺玉100連発の迫力でした。

夜祭り花火仕立てのヤーコン金平

材料

— ◎ヤーコン　100g

（テンパリング）

— ◎カレーリーフの葉　8枚ほど

A

◎オリーブオイル　小さじ1と½
◎クミン　ひとつまみ
◎フェヌグリーク　ひとつまみ
◎イエローマスタードシード　ひとつまみ
◎唐辛子　⅕本
◎カレーリーフの葉　8枚ほど

（金平）

◎ナンプラー　小さじ½
◎出汁　50ml
◎柚子果汁　20ml

（花火ゼリー）

◎ハーブ　適量
◎花弁　適量
◎果皮　適量
◎パールアガー　5g
◎グラニュー糖　15g

◎水　100ml

（盛り付け）

◎サワークリーム　適量

◎キンゾイの葉　適量

◎デュカ　適量（10月22日参照）

下準備

◎ヤーコンは皮付きのまま拍子木切りにする。

作り方

①テンパリングする。鍋にAを入れ弱火で香りを引き出し、最後にカレーリーフを加えて火を止める。

②金平を作る。鍋（①）にヤーコンを入れ、オイルを絡ませながら2分ほど焼き炒りする。一旦、火を止めてナンプラーを入れ、全体に味を回すように絡める。出汁を入れ、強火で汁気がなくなる寸前まで炒めたら、火を止めて柚子果汁を加え、全体に馴染ませる。

③花火ゼリーを作る。果皮やエディブルフラワー、ハーブなど、花火に

見立てる色彩の素を集め、適当に切ったりちぎったりする。
④ボウルにグラニュー糖、パールアガーを入れよく混ぜておく。鍋に水を入れ、火にかけてぬるま湯を作る。湯に混ぜたパールアガーを少しずつ入れ、さらに混ぜてしっかりと溶かしたら、一煮立ちさせる。平らな容器にアガーを薄く伸ばし入れ、(③)を散らして冷やし固める。
⑤皿に金平(②)、サワークリーム、キンゾイ、デュカを盛り、冷やし固めた花火ゼリー(④)を乗せて完成。

12月4日(月)晴れ

今日は一日中キッチンカーを考えぬくと決めていました。

東京で得たインプット。秩父夜祭りの露天商やフードトラックから得たインプット。厖大な情報が頭の中にあります。

脳内調理と呼んでいるこのイメトレは、僕の料理には欠かせない作業です。そして、店を作る時も同じくらいのエネルギーを消費します。時代背景、同業者との比較、自分の強み、持続性、デザイン、作業動線、シチュエーション、幸福度、新しい価値創出、愛……そう、最終的には

愛に辿り着きます。愛のない商品・行動は持続しないんです。

今日は早く出かけたかったので、ゴミ出しついでに摘んだ草で、朝ご飯はちゃちゃっと済ませました。

そこらへんの草茶漬け

＊湯取り方式で作るバスマティライスの説明は9月27日レシピを参照。

材料

（そこらへんの草）
◎ヨモギ
◎雪の下
◎オオバコ
◎ヒメオドリコソウ
◎カキドオシ
◎ニンニク　1片

◎生姜　ニンニクと同量

（湯取りバスマティライス作り）

◎バスマティライス　大さじ1と½

◎水　500ml

◎塩　小さじ1

◎ココナッツオイル　小さじ½

◎モルディブフィッシュ　小さじ1（鰹節でも可）

（かけ汁）

◎出汁　200ml

◎シナモン　小さじ½

◎ターメリック　ひとつまみ

作り方

①そこら辺の草を適量摘む。草とニンニク、生姜すべてをみじん切りにする。

②バスマティライスの材料をすべて鍋に入れ、沸騰させたら弱火で15分。

ザルにあけ水気を切る（9月27日レシピ、作り方4（＊印）参照）。

③かけ汁を作る。鍋に出汁（200ml）、シナモン、ターメリック、①の草たちを入れて沸かす。

④皿にバスマティライスを入れ、出汁をかけたら完成。

12月5日（火）曇り

朝7時。ピンポーンとチャイムが鳴った。恐る恐るドアを開けると、近所の女子高生が立っていた。

「遅刻したから西武秩父駅まで送ってほしい」

よし来た、と慌てて車で送りました。寝起きの急な行動で、送った後にしばらくぼーっとしていました。

さて、外は寒い曇り空。ここ数日さんざんインプットしたので、アウトプットをしなければ。石油ストーブを外に持ち出して、キッチンカーの内装に取り掛かるも、手がかじかむし、色を塗ってもまったく乾かない。6時間経ったところで暗くなり時間切れ。

思うようには進みませんでしたが、コツコツやるしかありません。

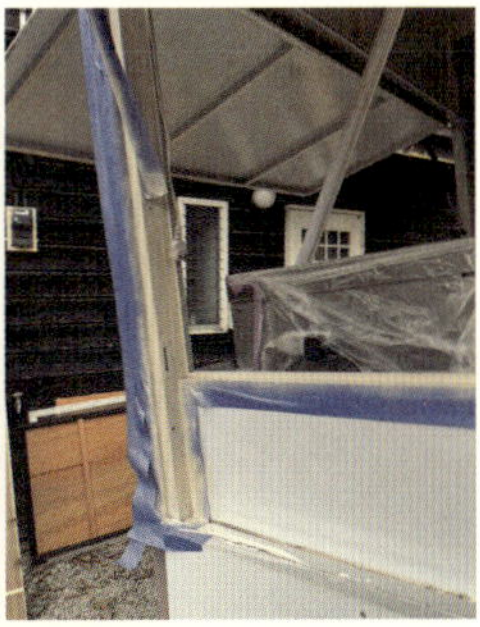

みかんのパスタ

材料

◎みかん　1個

（パスタ）

◎スパゲッティーニ　100g
◎水　1L
◎塩　小さじ1

（ソース）

◎アンチョビフィレ　2枚
◎グランマルニエ　小さじ1と½
◎パスタの茹で汁　90ml

A

◎オリーブオイル　大さじ1
◎ニンニク　1片（みじん切り）
◎クミン　ひとつまみ

◎イエローマスタードシード　ひとつまみ
◎ローズマリー　1枝
◎唐辛子　1本

（盛り付け）
◎椿の花弁
◎シナモンパウダー
◎パクチー　適量（刻む）

下準備

◎みかんの皮を剥き、横半分に切ってからひとくち大に切る。

作り方

①パスタをお好みの硬さより2分ほど早く引き上げる計算で茹でる。パスタの茹で汁（90㎖）は残しておく。

②ソースを作る。フライパンにAを入れ弱火で香りを引き出す。ニンニクが色付いてきたら、アンチョビフィレ、みかん、グランマルニエ、パスタの茹で汁（①）を加え、強火で⅓になるまで煮詰める。

③煮詰めたソース（②）にパスタを入れ、中火でよく混ぜながら乳化させ、旨みをパスタに吸わせる。
④お皿にパスタを盛り、椿の花弁、パクチーを飾れば完成。
味変にはシナモンがオススメです。

12月6日(水)曇り晴れ曇り

寝ている間に雨が降ったようです。曇り空から陽が差し込み、濡れた紅葉を照らしてゆく姿は美しいの一言。

少し溜めてしまった事務仕事を朝からこなし、商工会議所の方と意見交換をしているうちに昼が過ぎていきました。

朝昼兼用にと冷蔵庫を開け、忘れかけていた人参を救済したのが今日のレシピです。

まず最初に人参の下の部分を3センチほど生のまま食べ比べします。咀嚼を100回して味の変化を確認しました。
◎白色：人参葉特有の香りが強く、とてもハービッシュ。咀嚼するほど甘味が増す。

◎薄緑色：ほのかな甘味が全面にあり、咀嚼するに従って、淡泊な味わいに。
◎オレンジ色：初めにふわりとハーブ香が鼻に抜け、甘味、苦味が追いかけ、咀嚼を重ねると淡泊な味に。
◎紫色：強い甘味と酸味が混在。優しいハーブ香と土のテロワールを感じる。咀嚼は最後まで甘味と香りがある。
以上を踏まえて調理しました。

いろいろ人参のシチュー

材料

（下ごしらえ）
◎いろいろな人参　150g
◎水　400ml
◎塩　ひとつまみ
◎ローリエ　1枚
◎シナモン　小指の爪ほど

（ベシャメルソース）
◎バター　20g
◎小麦粉　20g
◎牛乳　200ml

（テンパリング）
◎オリーブオイル　小さじ1
◎唐辛子　½本
◎フェヌグリーク　小さじ1

A
（仕上げ）
◎水　150ml
◎塩　ひとつまみ
◎ナツメグパウダー　1・5g

下準備
◎白人参は細めの千切りにし、残りの人参は

ひとくち大の乱切り。

鍋に水（400ml）、塩、ローリエ、シナモン、乱切りした人参（白人参は除く）を入れて中火で沸かす。沸騰したら弱火にして10分煮て、ザルにあける。

作り方

①ベシャメルソースを作ります。この工程では火力はずっと弱火です。
鍋にバターを入れて火にかけ、半分ほど溶けたら小麦粉を入れヘラで練る。

完全に混ざったなと思ってから3分ほど練りながら、フツフツとし続けるまで確実に小麦粉に火を入れる。

牛乳を少しずつ加えては混ぜを繰り返し、ダマが出来ないように混ぜながら沸騰させれば完成です。
②別の鍋にテンパリングの材料を入れ、弱火で香りを引き出す。
下準備した人参を加え、さらに弱火で混ぜながら香りを纏わせる。
③鍋（②）に水（150ml）とナツメグパウダー、ベシャメルソース（①）を加え、よく混ぜてから弱火で2分ほど煮込む。塩加減をお好みで足す。

④皿にシチューをよそい、千切りしておいた白人参を飾ったら完成。

火を通さない人参を添えたのは、腸内環境＝自分を整えてくれる微生物のためです。腸内環境を良好に保つには、フレッシュな野菜、果物、発酵調味料が重要で、不足すると体調を崩しやすくなることを料理を通して実感しています。

12月7日(木)晴れ

いよいよ冬だなと感じる山の暮らし。空は晴れているがなかなか気温は上がらず、家の中の方が寒い。僕の山荘は南側に武甲山が鎮座した裾野で、北側を向いた位置。太陽は山を中心に左から右へ、角度的には平均45度くらいで通過していく。

今までの僕は南側に開けていて一日中部屋が明るく、風通しの良い場所に住んできた。たくさんのパワーをもらえる気がしていたから。

現在は真逆の家です。

前に「移住と言えば聞こえは良いが逃げて来た」と書いたように、この場所に辿り着いた時の心境そのものです。北側を向いた家は、落ち着

いて物事を考えるには向いていると僕は思うんです。
さあ、冬を楽しもう。

まるっと赤カブ

材料

（下ごしらえ）
◎葉付き赤カブ　1個（250g）

（葉のディップ）
◎オリーブオイル　小さじ1
◎玉葱　40g（みじん切り）

A
◎コリアンダー　小さじ1
◎クミン　ひとつまみ
◎カルダモン　1個（中身のみ）

B
◎麦味噌　小さじ1/3
◎柚子胡椒　小さじ1/4

◎柚子果汁　10ml
◎オリーブオイル　小さじ1
◎ターメリック　ひとつまみ

（ソテー）
◎バター　10g
◎フレッシュタイム　ひとつまみ
◎ナンプラー　適量

下準備

◎赤カブを葉と分ける。蒸し器に入れ、竹串がスッと入るまで蒸す。葉の部分は先に取り出し小さく刻む。

作り方

①葉のディップを作る。鍋にオリーブオイルとAのスパイスを入れ、弱火で香りを引き出す。
②Bと鍋（①）、刻んだカブの葉を合わせ、ハンドミキサーなどでペースト状にしたら玉葱のみじん切りと混ぜ合わせる。葉のディップの完成。

③蒸しておいたカブを半分に切り半分は盛り付け用に取っておく。弱火のフライパンにバター、タイムを入れ、香りを引き出す。切ったカブの半分を入れ焼き色が付くまでソテーしたら、最後にナンプラーを入れて絡める。

④皿にディップ（②）、蒸したカブ、ソテーしたカブ（③）を盛り付けたら完成。

蒸したカブはそれだけで完成されたご馳走感がある美味しさ。バターソテーはさらにリッチな風味に仕上がります。

12月8日（金）晴れ

今日も晴れて暖かい。
猿、キジ、犬を見かけた日。
桃太郎だな。

雪見レンコン

材料

（下ごしらえ）
◎レンコン　120g
◎酢　大さじ1
◎水　400ml

（雪輪レンコン酢漬け）

A
◎米酢　100ml
◎水　100ml
◎蜂蜜　大さじ5
◎塩　小さじ1
◎コリアンダー　小さじ1
◎ローリエ　1枚
◎唐辛子　1本
◎タイム　ひとつまみ

＊酢漬けの液体は作りやすい分量です。

（レンコンガレット）

◎オリーブオイル　適量

B

◎薄力粉　60g

◎クミン　小さじ1

◎塩胡椒　適量

◎ナンプラー　適量

下準備

◎酢と水（400ml）を合わせて酢水を作っておく（アク抜きのために5分ほど漬ける用）。

レンコンを4、5ミリほどの輪切りに3枚切って、酢水に漬ける。

残りのレンコンは半分に切り、片方は歯応えがあるくらいの角切りにし、もう片方は切らずにそのままにしておく（後で擦り下ろす用）。すべてのレンコンを酢水に漬け、アク抜きする。

作り方

①鍋にAを入れ、一煮立ちさせておく。

②下準備でアク抜きした輪切りレンコン（3枚）を雪の形にカットする。

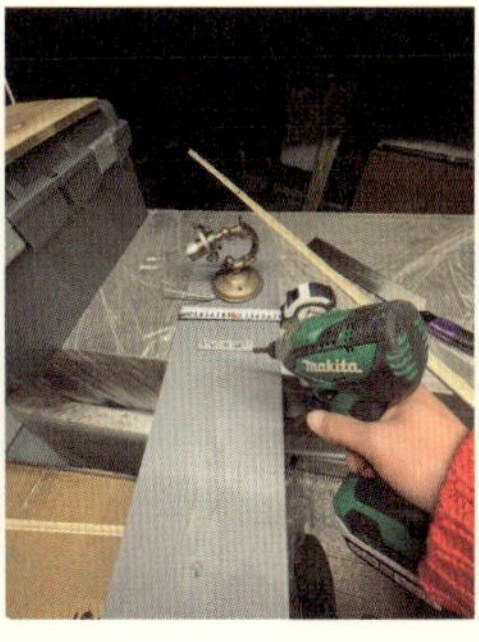

③酢漬け液（①、100ml分）を、別の鍋に取り分けて沸かし、レンコン（②）を1分茹でたら自然に冷ます。
④レンコンガレットを作ります。角切りのレンコンと、残りの角切りせずにおいたレンコンをザルで水切りする。
⑤角切りしてない方のレンコンを擦り下ろす。
⑥Bと角切りレンコン、擦り下ろしたレンコンを合わせ、よく混ぜる。
フライパンにオリーブオイルを敷き、弱火で焼き色が付くまで焼く（片面3分くらいずつ）。
⑦皿にレンコンガレット（⑥）を乗せ、雪輪レンコン（②）を飾れば完成。

12月9日（土）晴れ

今日も暖かい。

仁美ちゃんの家の軒先を借りて、キッチンカー製作をしているんですが、ちょいちょい差し入れをいただくので、パスタを作ってお返しをしました。

15分パスタ（2人分）

＊パスタの茹で時間とソースの出来上がり、同時進行です。
パスタを茹でるお湯が沸く間にソース作りをすれば、15分でパスタにありつけます。

材料

（スパゲッティーニ）

◎ハーブティー　20g（レモングラス、ミント、タイム）
◎水　1L
◎塩　大さじ1
◎スパゲッティーニ　220g

（ソース）

◎玉葱　60g（みじん切り）
◎ラムもも肉　100g
◎トマトペースト　大さじ1

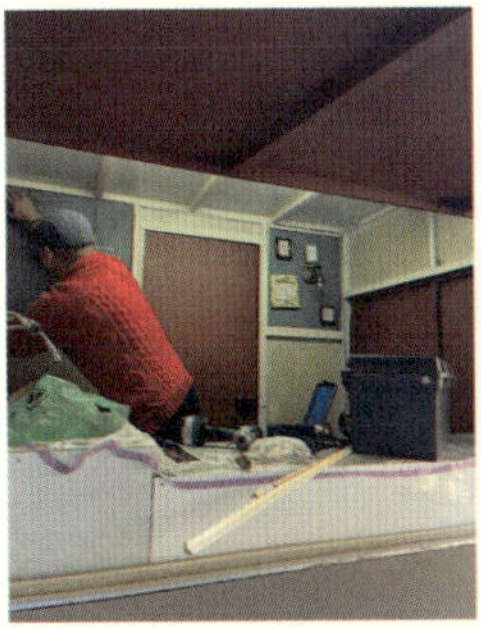

A

◎オリーブオイル　大さじ2
◎ニンニク　1片（みじん切り）
◎クミン　大さじ1
◎唐辛子　1本

B

◎塩胡椒　適量
◎ナンプラー　小さじ1
◎サテトム（ベトナム調味料）
小さじ1

（仕上げ）

◎パクチー　好きなだけ
◎追いオリーブオイル　ひと回し

作り方

①水（1L）にハーブティーの茶葉、塩を入れて沸かす。沸いたらスパゲッティーニをアルデンテに茹でる。残ったハーブの茹で汁は後で使うので取っておく。
②フライパンにAを入れ、弱火で香りを引き出す。

③玉葱を加え中火にして3分ほど炒めながら、ラムもも肉を小間切れにしておく。
④ボウルにラムもも肉とBを入れよく揉み込む。
⑤調味料を揉み込んだラムもも肉を、炒めた玉葱（③）に加え、強火でラムに火が通るまで炒める。トマトペーストを加えてよく混ぜ炒める。
⑥茹でているパスタのハーブ汁（①、100ml）を加えて、強火のまま煮詰める。
⑦茹で上がったパスタ（①）をフライパン（⑥）に加え、追いオリーブオイル、パスタのハーブ汁を足して混ぜながら炒め、ソースを乳化させながらパスタに吸わせていく。最後にパクチーを適当に切り、混ぜ合わせる。
⑧皿に盛り付けたら完成。①のお湯が沸く間に②の作業をすれば、15分でパスタにありつけます。

12月10日(日)晴れ

昨日に引き続き外作業。

僕の2大ヒーローは、アンパンマンとルパン三世。独立独歩で10数年、ずっとアンパンマンだった。けれども、ジャムおじさんも、バタコさんもいないから、顔のアンパンは無くなるだけだった。尊敬はいつしか妬み嫉みに変わり、いつも独りだった。

2回目の離婚で最大の理解者を失った喪失感と、従業員の裏切りなどもあり、なんやかんや10年苦しんだ。独りよがりだったんだなって気付いた。

そこから「人に甘えてもいいんだよ」と、自分に言い聞かせはじめて……ああ、眠くなってきたので、またの機会に綴ります。

冷蔵庫の余り処理粥

冷蔵庫の整理レシピです。何を入れても大丈夫です。自由にあるもので作ってみてください。今回はフードプロセッサーで粗みじん切りにした野菜をいろいろ入れています。もちろん肉や魚を入れても問題ないです。

材料

A

◎冷蔵庫の余りもの（粗みじん切り）
◎水　500ml
◎ココナッツミルク　100ml
◎生姜　10g
◎ニンニク　1片
◎唐辛子　1本
◎ターメリック　ひとつまみ
◎フェヌグリーク　小さじ1

◎バスマティライス　半合

（テンパリング）

◎ココナッツオイル　大さじ1
◎クミン　小さじ1
◎イエローマスタードシード　小さじ1
◎コリアンダー　小さじ½

作り方

①Aの材料をすべて鍋に入れ沸かす。鍋底が焦げないように中火でかき混ぜながら、粥状に炊いていきます（粥状にせずとも、15分ほどで食べられますのでお好みのタイミングでどうぞ）。

②テンパリングをする。テンパリングの材料すべてをフライパンに入れ、弱火で香りを引き出します。出来上がった香りオイルは、なるべく鍋（①）の完成間近に合わせて入れると、香りの良い仕上がりになります。

12月11日（月）晴れのち曇り

今日はキッチンカーの窓枠製作。小さなステンドグラスを額縁に入れて飾り付ける予定。置いてみた時に、手を離したら落ちそうだなと不安になるも、「でも、写真を撮るために一瞬だけなら」と思ったらガシャン。ウケる。本当に落ちた。

まぁひび割れも味だと開き直り、材木の買い出しに行く。心がふわふわしていて、Instagram のＤＭに「キッチンカー、見せてよ」と連絡をくれた人のことを思い出し、気が付けばその人の家の方向へ向かっていた。

あれやこれやと話す途中、「釣りに行った友達がカサゴをたくさん持って来たから、独歩ちゃん持って行って」と、棚ぼたにありつく。

カサゴ酔っ払い煮

材料

（下ごしらえ）
◎浅利　25個
◎カサゴ　中くらい2尾
◎ミニトマト　9個

A

（テンパリング）
◎オリーブオイル　大さじ2
◎ニンニク　3片（皮を剥き潰す）
◎唐辛子　1本
◎クミン　小さじ1

（煮る）
◎純米酒　400ml
（一番安くて良いので純米酒を選んでください。抜群に美味しくなります）
◎タイム　2g

◎塩　適量
◎しめじ　100g（適当にバラす）
◎水菜　2束（適当にざく切り）

下準備

◎浅利を砂出ししておく。
◎カサゴの鱗を取り、腹を割り内臓とエラを取り除いておく。
◎ミニトマトはヘタを取り縦半分に切る。

作り方

①フライパンにAを入れ、中火で香りを立たせる。ニンニクは色付いたら一旦取り出しておく。
②カサゴの水気を拭き取り、フライパン（①）を弱火に熱して、両面に焼き色を付ける。
③カサゴに焼き色が付いたら、浅利、ミニトマト、しめじ、水菜を入れる。日本酒（純米酒）、タイム、ニンニク（①で一旦取り出しておいたもの）、塩（適量）を入れ、一煮立ちさせたら蓋をして10分ほど蒸し煮にしたら完成。

12月12日(火)雨あがり曇り

資材の買い出しに行く。

往復3時間のドライブは山道や茶畑を通り、開けた町並みに出ると真正面に富士山が見え、なかなかに楽しい。

資材購入は悩みどころがたくさんあります。

①予算
②重さ（積載重量の兼ね合い）
③衛生管理のしやすさ
④ゲスト視線の色彩
⑤ゲストの動線
⑥スタッフの動線
⑦食材やカトラリーの配置
⑧最速の調理動作を生むシステム

などなど、細かい点を挙げればもっとある。

最初から完璧なんてありえないから、まあまあのところでスタートさせるんですが、素材選びは頭を酷使し、身体の深部が疲労します。結局、あれやこれやと悩みながら4時間もホームセンターにいました。

帰ったら、ガツンとパンチのあるアレを食べるぞ!!

ガーリック炒飯

材料

(下ごしらえ)
◎ニンニク　1玉

(合わせ調味料)
◎オイスターソース　小さじ1
◎牡蠣醤油　小さじ1
◎紹興酒　小さじ1と½

(テンパリング)
◎胡麻油　大さじ1
◎クミン　小さじ½
◎唐辛子　1本

◎イエローマスタードシード　小さじ½

（仕上げ）

◎ご飯　180g（バスマティライスを使いました）

◎卵　1個

下準備

◎ニンニクの皮を剥き、包丁で潰して1片が3分割くらいの大きさになるようにしておく。

作り方

①合わせ調味料をすべてボウルなどで合わせておく。

②テンパリングする。フライパンに胡麻油と下準備したニンニクを入れ、弱火でじっくりと火を通す。そのうちニンニクにホクホクねっとり感が出てくる。

③クミン、イエローマスタードシード、唐辛子（指で細かくしながら）を加え、パチパチとマスタードシードが弾けるまで香り・旨味を引き出す。

④弱火でフライパン（③）に卵を割り入れ、ざっと混ぜたらご飯を入れ

る。強火にして全体を混ぜ炒めたら、中央にドーナッツ型の穴を開け合わせ調味料（①）を入れる。少し煮詰めて焦がし風味を作ってから全体を混ぜ炒めたら完成。

シンプルですが、やみつきになる旨さです。バスマティライスで作ると、酒の肴にもなっちゃうから不思議です。

12月13日（水）快晴

明日の取材のために、朝イチで農産物の仕入れ。1月17日発売の「anan」で、店舗もないのに取材をしていただける。なんとありがたいことか。どうやら百万年書房・北尾修一さんの日記ZINE（『調子悪くて当たり前日記』）を読んで、僕を見付けてくださったようです。

仕入れを終えて陽の当たる作業場へ。秩父は良い場所がたくさんあって嬉しい。

キッチンカーの塗装作業。ステンドグラスを嵌めた窓枠まで塗り終え、ひとまず作業は終了。山荘に戻り、作成したメニューボードを取り付け、さらに照明器具をふたつ取り付け、今日の作業は終了。ノンストップで

7時間やれた。楽しい。
一旦お風呂に入り、明日の取材用の調理。う〜ん、これは寝れないな。

〜カレーの副菜という名の常備菜〜
シルクスイートの一品

材料

◎サツマイモ　150g
◎水　500ml
◎沢胡桃　7個（中身のみ）

A

◎ナンプラー　小さじ1
◎ホワイトバルサミコ酢　小さじ1
◎塩　ひとつまみ

B

◎米油　大さじ1
◎シナモン　小指の爪ほど
◎クミン　小さじ1
◎カルダモン　1個

◎ジンブー　ひとつまみ
◎カレーリーフ　小ぶり1枝

下準備

◎サツマイモを水から茹でて10〜15分、竹串がスッと入ったらお湯から上げる。水を切り、ひとくち大の乱切りにしてボウルに入れる。Aの材料を加え、よく混ぜ合わせておく。

作り方

①鍋にBを入れ弱火でテンパリングする。カルダモンが色付きぷっくり膨らんだら、サツマイモを汁ごと入れて中火で軽く炒め沢胡桃と混ぜて完成。

カリフラワーのアンチョビ炒め

材料

◎カリフラワー(紫とオレンジ) 150g
◎アンチョビフィレ 1枚

A

◎オリーブオイル 大さじ1
◎イエローマスタードシード 小さじ1
◎クミン 小さじ1
◎ニンニク 1片(粗みじん切り)
◎唐辛子 1本

作り方

①カリフラワーを沸騰したお湯で2分茹で、冷水で締めて水気を切る。ひとくち大の小分けにする。
②フライパンにAを入れて、弱火でテンパリングする。
③マスタードシードがパチパチ弾けたら、アンチョビを入れほぐして、小分けにしたカリフラワーを加える。全体が馴染むように炒めたら完成。

菊芋マリネ

材料

◎菊芋　130g

A

◎梅酢　大さじ1
◎ターメリック　小さじ½
◎パプリカパウダー　小さじ½
◎塩　ひとつまみ
◎燻製ブラックペッパー　適量

B

◎米油　小さじ1
◎クミン　小さじ1
◎唐辛子　1本
◎クローブ　2粒

下準備

◎菊芋を水から茹で、沸騰後2分経ったら冷水で締めて水気を切る。ボウルにAとひとくち大に乱切りした菊芋を入れ、10分ほどマリネする。

作り方

①鍋にBを加え、弱火でテンパリングする。クミンが色付き、クローブがぷっくりして香りが立ったら、下準備しておいた菊芋マリネに回し掛け完成。

赤カブの付け合わせ

材料

◎赤カブと葉　1個分
◎キンゾイの葉　5枚ほど

A

◎バター　10g
◎クミン　ひとつまみ
◎イエローマスタードシード　ひとつまみ

B

◎ナンプラー　数滴
◎ポン酢　小さじ1
◎ターメリック　小さじ½
◎ココナッツファイン　大さじ1

◎カカオニブ　小さじ1

作り方

①赤カブは7〜8ミリにスライスする。葉とともにサッと茹でて冷水で締め、水気を切っておく。
②フライパンにAを入れ、弱火でテンパリングする。
③マスタードシードが色付きパチパチと跳ね始めたらキンゾイを加える。スライスしたカブを、片面だけじっくり焼き色が付くまで火にかけ一度取り出し、ひとくち大に切ってテンパリングオイルと再度混ぜ合わせる。
④よく絞って水気を切った葉は、小口切りにしてBと合わせて完成。

干し柿の一品

材料

◎干し柿　1個
◎ネパール山椒　小さじ½

◎ココナッツオイル　小さじ1
◎フェヌグリーク　ひとつまみ
◎ヨーグルト　大さじ4

作り方

①干し柿を半分に切り種を取り除く。さらに縦4等分に切り、ひとくち大に切り分ける。
②ネパール山椒をミルミキサーで粉末にして、干し柿と合わせる。
③ココナッツオイル、フェヌグリークを鍋に入れ、弱火でテンパリングする。
メープル香がしてきつね色になったら、干し柿にかけよく混ぜる。
④ヨーグルトを加えて完成。

原木椎茸炒め

材料

◎原木椎茸　5個
◎カスリメティ　大さじ1
◎ナンプラー

A

◎オリーブオイル　大さじ1
◎唐辛子　1本
◎ニンニク　1片（粗みじん切り）
◎イエローマスタードシード　小さじ1

作り方

①椎茸をひとくち大に切り分ける。
②フライパンにAを入れ、弱火でテンパリングする。マスタードシードがパチパチ跳ね始めたら、カスリメティを加えてから椎茸を入れ中火で炒める。
③椎茸に火が入りくたっとしてきたら、ナンプラーを加えてよく混ぜ合わせ、火を止めて完成。

12月14日(木)晴れ

深夜2時に寝て、朝5時に起床。

30分くらい、ぼ〜っと動けなかった。

まだ外は暗く、明るくなるのを待つ間にカレーを作り始める。換気扇を回し、森にスパイスの風を贈る。

気付けば7時。明るくなって動物との遭遇率も低くなったので、外へ食材採取へ。霜を浴びた野草や、出汁に使う杉の枝を山から分けていただく。

今日は雑誌「anan」の取材。調味料以外は地産地消の食材を使ったカレープレートを召し上がっていただきました。取材スタッフのマガジンハウス渡部遊さん、カメラマン中村香奈子さん、お二方ともとても気さくで、幸せな雰囲気を分けていただいた感じです。

カレーとご飯

＊湯取り方式で作るバスマティライスの説明は9月27日レシピを参照。

材料 ― ◎米油　小さじ1

A ―――（下ごしらえ）
◎玉葱　2個
◎ニンニク　3片
◎生姜　30g

（紅ほっぺ（苺）と野草の杉出汁カレー）
◎苺　160g
◎野草　20g（タンポポ、雪の下、オキザリス）
◎杉の枝葉　20g（鍋に入る長さに切る）
◎水　500ml

B

◎オリーブオイル　小さじ1と½
◎シナモン　親指の爪ほど（なるべく細かくする）
◎カルダモン　3個
◎スターアニス　1個

C

（ガラムマサラ）
◎コリアンダー　小さじ3
◎クミン　小さじ1
◎グリーンフェンネル　小さじ1
◎カルダモン　1個
◎ローリエ　1枚

（仕上げ）
◎ココナッツパウダー　大さじ2
◎黒粒胡椒　適量
◎塩　適量

（ひら茸と竹の子芋のカレー）

◎ひら茸　110g
◎竹の子芋　280g
◎水（湧水）　400ml

D

◎米油　小さじ1と½
◎クミン　小さじ1
◎フェヌグリーク　小さじ1
◎ローズマリー　1枝

E

◎カルダモン　2個
◎クローブ　2粒
◎コリアンダー　小さじ2
◎クミン　小さじ1
◎スターアニス　¼個

F

◎ナンプラー　小さじ2
◎ターメリック　小さじ1

（枯れススキと熊笹、檜で炊いた湯取りバスマティライス作り）

◎バスマティライス　1・5合

G

◎枯れススキの葉と茎　20g
◎熊笹　10g
◎檜の木屑　10g
◎水（湧水）　3・5L
◎クローブ　3粒
◎カルダモン　2個
◎ローリエ　2枚
◎クミン　小さじ1

H

◎塩　大さじ1
◎マスタードオイル　小さじ1

下準備

◎バスマティライスは水に3時間浸けた後、ザルで水を切っておく。
◎Aをすべてみじん切りにする。
◎苺のヘタを取る。
◎野草（タンポポ、雪の下、オキザリス）は水洗いして、細かく刻んでおく。

作り方

(紅ほっぺ(苺)と野草の杉出汁カレーを作る)

①鍋に米油と、下準備でみじん切りしたAを入れ、弱火でねっとりするまで炒めておく。

②別の鍋に水(500ml)と杉の枝葉を入れ、水から沸騰させたら極弱火で3分煮出しザルなどで濾す。

③Bを鍋に入れ、弱火でテンパリングする。カルダモンが色付きぷっくりしたら、苺を入れて⅓ほど煮崩れるまで炒める。炒めておいた玉葱(①、半量)と、刻んだ野草を入れる。

④Cをミルミキサーで粉末にする。

⑤苺の鍋(③)にガラムマサラ(④)を入れ、杉出汁(②)、ココナッツパウダー、胡椒を加え、沸騰したら弱火で5分煮出し、塩で味を調えたら完成。

(ひら茸と竹の子芋のカレーを作る)

⑥ひら茸は株から手で適当に小分けする。

⑦竹の子芋は水から茹でて10~15分、竹串がスッと入ったらお湯から上げて水を切る。皮を剥き、適当なひとくちサイズに切る。

⑧鍋にDを入れ、弱火でテンパリングする。フェヌグリークが真っ黒になり、やっちまったと思うくらいになったら、ひら茸（⑥）を入れ、ある程度油を吸わせたら竹の子芋（⑦）も入れて炒める。

⑨Eのスパイスをミルミキサーで粉末にし、テンパリング鍋（⑧）に加えて弱火で全体が馴染むまで炒める。炒めておいた玉葱（①、残り半量）を加え、さらに炒める。

⑩鍋（⑨）に水（400ml）を加えて、メーラード反応で鍋底にこびり付いた旨味も擦りながら馴染ませる。

⑪Fを加え、沸騰後、中火で3分煮たら完成。

（枯れススキと熊笹、檜で炊いた湯取りバスマティライスを作る）

⑫Gをすべて鍋に入れ、沸騰したら中火で5分煮出す。ザルなどにあけて濾す。

⑬出汁（⑫）にHを入れ、沸かす。そこにバスマティライスを加えて沸騰させ、袋表記の時間炊いてザルにあけ、5分くらい米が立つまで放置する（9月27日レシピ、作り方4（＊印）参照）。

⑭最後に、お皿にバスマティライスと2種のカレーをよそったら出来上がり。

12月15日（金）曇りのち晴れ

細かい部分はさておき、キッチンカーが仕上がりました。偉い自分、と褒めてあげたい。

夕方、東京から呑み友達が遊びに来てくれました。いつもなら何かご馳走するところですが、呑みたかったので町に繰り出しました。

超絶オススメのスナック「ポケット」さんへ。すっかり呑みすぎ、運転代行をお願いして帰路に着く。

呑むと腹が減るもんだ。昨日、秩父界隈で一番好きなパン屋さん「ヤッホーパン」のひびやんに会って、身重なお腹を拝んできた。その時に購入したパン・オ・ルヴァンを食べる。夜中の1時、久々の深夜飯です。

焼き野菜サンド

材料

◎パン・オ・ルヴァン（挟める大きさ）　2枚
◎ハインツイエローマスタード　適量
◎バター　10g
◎水菜　20g
◎干し柿　1個

（卵焼き）
◎オリーブオイル　大さじ1
◎唐辛子　1本
◎ニンニク　1個
◎卵　1個

（テンパリング）
◎クミン　ひとつまみ
◎イエローマスタードシード

ひとつまみ

A

（野菜）
◎カリフラワー（紫、オレンジ）60g
◎カブ 40g
◎サツマイモ 50g

下準備

◎ニンニクを潰し、粗みじん切りにする。
◎Aの野菜をすべて8ミリくらいのスライスにする。
◎水菜は5センチほどのざく切りにする。
◎干し柿は縦4等分に切り裂く。
◎パン・オ・ルヴァンはお好みの焼き具合にトーストする。

作り方

①フライパンにオリーブオイル、唐辛子、下準備したニンニクを入れ、弱火で香りを引き出す。卵を割り入れて片面に火が通ったら、包み込むようにしてひっくり返して、スペイン目玉焼きを半熟気味に作って

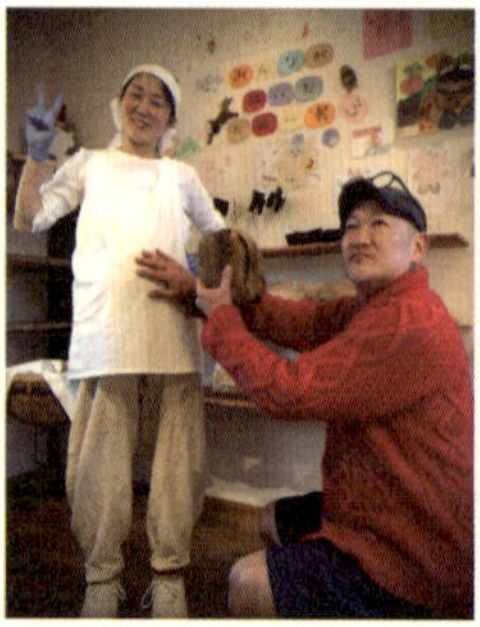

取り出す。

②フライパン（①）に残ったオイルにクミン、マスタードシードを入れて、マスタードシードがパチパチするまでテンパリングで香りを引き出す。

③下準備したAの野菜を、テンパリングオイルのフライパン（②）で焼き色が付くように、動かさず両面を弱火で焼く。

④パンにバター、イエローマスタードを塗り、焼いた野菜（③）、水菜、干し柿を適当に乗せ、プレスしながらラップで巻いて成形する。半分に切ってラップを外したら完成。

12月16日（土）曇りのち晴れ

昨日はたくさん呑んで、寝たのが1時過ぎ。7時に起きてみたもののまだ眠い。手土産で炊き込みご飯のおむすびをいただいたので、トースターで焼き、バターを少々のせて食べた。人が作るご飯は心に沁みて旨い。

そのまま二度寝。11時起床。このままダラダラするには一日がもった

いないと、起きてみて、芦ヶ久保の道の駅で武甲政宗の酒粕と芹を購入。今夜はこれを食べることに決めた。

寺坂棚田に行き小春日和を堪能する。

芹の粕汁

＊しみじみと沁みる美味しさなので、ぜひ食べてほしいです。具材は何でも合いますので、こだわらずに作ってみてください。

材料
——◎芹　40g
A——（煮干し出汁）◎煮干し　10g（頭と腹は取らない）
◎水　500ml
（具材）——◎余った野菜を適当に　100gほど

（煮込む）

◎純米酒　100ml
◎酒粕　60g
◎白味噌　30g

B

◎唐辛子　1本
◎生姜　10g
◎薄口醤油　小さじ1

（テンパリング）

◎花山椒　小さじ1
◎胡麻油　小さじ1

下準備

◎煮干しは一晩水に浸けておくだけで水出汁が取れちゃいます。火入れ出汁は、中火で沸く手前の80℃まで温めたら、極弱火にして灰汁を取りながら30分煮出す（時間がない時は弱火で沸騰直前に火を止める）。十分に出汁が取れたらザルにあけ、煮干しと出汁に分けておく。

作り方

①下準備では一番出汁を取りました。このレシピでは使用しませんが、せっかくなので二番出汁も取ります。いろいろな料理にご活用ください。

二番出汁は、一番出汁で残った煮干しの出汁がらを、水（250ml）に加えて取ります。火入れは一番出汁と同じです。

②具材にする余り野菜は、ひとくち大に切り分ける。

③一番出汁に野菜（②）とBを入れて、中火で野菜に火が通るまで煮る。

④純米酒に酒粕、白味噌を浸けて置き、溶けやすくしておく。鍋（③）に入れて弱火で煮込む。

⑤フライパンに胡麻油、花山椒を入れ、弱火で香りを引き出したら鍋に加える。

⑥すべてを合わせた鍋（⑤）を沸騰させて、芹を入れたら火を止めて完成。

12月17日(日)晴れ

昨日ダラダラと過ごしたせいで腰が痛い。少し歩いて背筋を戻す。快晴だけど強風で寒い。

2か月近く前にひと玉買って食べている白菜がそろそろフィニッシュなので、今日はスパイスオイルで焼くお好み焼きにしよう。何も付けなくても美味しいし、白出汁と柑橘搾りでさっぱり食べても旨い。もちろん王道ソースも。

いろいろと試してみてほしいな。

白菜お好み焼き

材料

◎小麦粉　30g
◎ベーキングパウダー　ひとつまみ
◎出汁　大さじ2

◎牛乳　大さじ1
◎白菜　100g
◎卵　1個

A

（テンパリング）
◎胡麻油　大さじ1
◎ニンニク　1片（みじん切り）
◎唐辛子　1本
◎クミン　小さじ1
◎フェヌグリーク　ひとつまみ

作り方

①ボウルに小麦粉とベーキングパウダーを入れ、よく混ぜておく。
②さらに出汁と牛乳を入れよく混ぜる。
③白菜をひとくち大にざく切りにして、②のボウルに入れる。
④卵を割り入れてスプーンで卵黄を潰し、下から上へ、さっくりと全体を混ぜる（混ぜすぎると重い食感になっていきます）。
⑤フライパンにAをすべて入れ、弱火で香りを引き出したら、中火にし

てフライパンを熱々にしてから卵黄を纏った白菜（④）をふんわりと入れて7分焼く。

⑥ひっくり返して5〜6分焼き、中央を押して弾力があれば完成。焦げすぎないように火をコントロールしながら、熱めの温度で、いじらず、動かさず、こんがり焼き目を付けるのが美味しさの秘訣です。

12月18日（月）晴れ

朝7時。玄関のチャイムが3回鳴る。そう、前回同様、遅刻高校生の小麦ちゃんだ。

朝からウケる。西武秩父駅のバス停まで送る。帰り道のファミリーマートで肉まんとコーヒーを買い、温まろうとしたが、肉まんの中身は冷たかった。悲しい。

今日は4回目となる、野外採取した食材でカレーを作るYouTube撮影。いつもYouTube撮影をしてくれている長男の耀はフリークライマーで、秩父界隈で名の知れた岩はほとんど登っている。冬になり茂みがなくなると、隠れていた岩を発見したりもするから、確認せずにはいられない

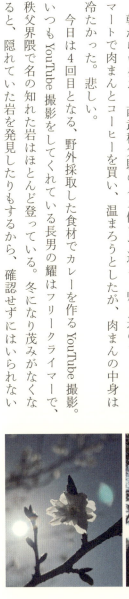

ようだ。

ふたりして沢の飛び石をぴょんぴょんと渡り、向こう岸の急斜面を登って岩を確認する。さすがに急勾配過ぎて遊ぶには危険過ぎる。命を危険にさらす遊びはやめようと、沢を後にしてカレーを作りました。

野外独歩ちゃんカレー 2種のカレーと焼き豚

＊湯取り方式で作るバスマティライスの説明は9月27日レシピを参照。

材料

A（下ごしらえ）
◎朴葉の枯れ葉　4枚
◎モミの木　30cmほどの枝
◎松の葉　30cmほどの枝

◎熊笹　30cmほどの枝2本
◎カラスノエンドウ　20g
◎ギシギシ　20g
◎松ぼっくり　6個
◎野蒜　10本ほど
◎水（それぞれ適量。下準備を参照）

B

◎米油　小さじ1
◎唐辛子　1本
◎カルダモン　2個
◎クミン　小さじ1

C

◎紫玉葱　½個（みじん切り）
◎ニンニク　1片（みじん切り）
◎生姜　ニンニクと同量（みじん切り）

（松葉と干し柿の皮グレービー）

◎干し柿の皮　30g
◎ココナッツミルクパウダー　大さじ1
◎ターメリック　ひとつまみ

◎米油　小さじ1
◎イエローマスタードシード　小さじ1

（木出汁と野草のグレービー）

◎コリアンダー　大さじ1
◎クミン　ひとつまみ
◎黒粒胡椒　ひとつまみ
◎カルダモン　1個
◎ローリエ　1枚

（湯取り朴葉ライス作り）

◎バスマティライス　お好みの量で
◎塩　小さじ1
◎胡麻油　小さじ1

下準備

◎採取したAの食材をよく洗い、水気を切っておく。
朴葉は水（800ml）で出汁を取っておく。他、モミの木（400ml）、

松の葉（と枝、400ml）、熊笹（400ml）と同量の水でそれぞれ出汁を取っておく。
◎カラスノエンドウ、ギシギシはざく切りにしておく。
◎バスマティライスは30分浸水させたら水気を切っておく。

作り方

①フライパンにBを入れ弱火でテンパリングし、Cのみじん切りした野菜を炒める。玉葱が透きとおるまで火を通す。
②松葉と干し柿の皮グレービーを作る。
松の葉出汁に干し柿の皮、ココナッツミルクパウダー、ターメリック、（①）の玉葱を半量入れ、沸騰させてから弱火で3分ほど煮込む。
③フライパンに米油、イエローマスタードシードを入れ、弱火でテンパリングしてから鍋（②）に加え、さらに2分ほど弱火で煮込めば完成。
④木出汁と野草のグレービーを作る。
材料すべてをミルミキサーで粉末にして新しい鍋に入れる。弱火で温めながらかき混ぜて、茶色くなるまで火を通す。
⑤熊笹の出汁（180ml）、モミの木出汁（90ml）、ざく切りにしたカラスノエンドウとギシギシ、（①）の残りの玉葱を加え、中火で3〜4分煮

る。ミキサーに入れ、ペースト状になればグレービーの完成。

⑥朴葉ライスを作る。
朴葉の出汁に塩、胡麻油を入れ沸かす。バスマティライスを入れ沸騰したら、袋表記の時間茹で、炊き上げたらザルで水気を切る（9月27日レシピ、作り方4（＊印）参照）。

松ぼっくり焼き豚（＊カレーに添える）

＊松ぼっくり、松の葉などのレシピにない材料は、カレーのレシピをご参照ください。

材料

◎豚肩ロース　200g
◎塩　適量
◎オリーブオイル　大さじ2
◎唐辛子　1本
◎ニンニク　2片（皮を剥いて潰す）

◎野薔薇ローズヒップ　適量
◎バター　40g
◎クミン　ひとつまみ
◎干し柿　1個（ひとくち大に切る）
◎山わさび　30g（擦り下ろす）
◎溜まり醤油　小さじ1

作り方

⑦松ぼっくり焼き豚を作る。
常温に戻した豚肩ロースに塩を振り、15分ほど脱水させてからキッチンペーパーで水気を拭き取る。
⑧フライパンにオリーブオイル（大さじ1）、クミン、唐辛子、皮を剥いて潰したニンニク、下準備した松ぼっくり（2個）と松の葉（ひとつまみ）を弱火で温めて香りを引き出したら、豚肩ロースを入れ6分かけて全体を焼く。
⑨豚肩ロース（⑧）をラップで巻き、さらにアルミホイルを巻いて10分休ませる。ニンニクと唐辛子だけを取り出したら、フライパンを綺麗にする。

⑩フライパンにオリーブオイル（大さじ1）、ローズヒップ、下準備した松ぼっくり（4個）と松の葉（ひとつまみ）を弱火にかけ、香りを十分に引き出す。
⑪バターを加え溶かしてから、豚肉をアロゼ（スプーンなどで肉の表面にバターを回しかける）しながら両面3分ずつ焼き色を付けるように焼いたら、ラップをして5分休ませてから切る。
⑫タレを作る。フライパンに残った松類とローズヒップを取り除き、干し柿、山わさびを入れ弱火で煮詰める。その時に、下準備しておいた野蒜を丸ごと入れ、優しめに火を通す。少し煮詰まったら醤油を加えて一煮立ちさせる。
⑬カレー皿にご飯、2種のグレービーとスライスした豚肉、タレをかけたら完成。

12月19日（火）曇り

昨夜、早く寝過ぎたせいか2時半に目が覚めてしまった。
硬くなりすぎたパンをかじり、コーヒーを飲んで今日一日の計画を立

てる。

とりあえず硬すぎるパンの残りを卵液に漬け込んで、フレンチトーストを焼けるようにした。

今日はいよいよ住所変更をし、本気モードで仁美ちゃんが秩父に移住してくる。

彼女は中野の実店舗時代からのお客様で、カレー好き。引っ越し蕎麦ならぬ引っ越しカレーを食べてもらいながら、移住後にやりたい彼女の夢（森の保健室）や子どもたちと里山開拓を行うＮＰＯのあれこれをたくさん聞かせてもらいました。

ナッツとクアトロフォルマッジカレー

材料（テンパリングと炒めもの）

◎紫玉葱　½個（みじん切り）
◎ミックスナッツ　40g

A

◎オリーブオイル　大さじ1
◎唐辛子　½本
◎クミン　小さじ1
◎イエローマスタードシード
小さじ½
◎クローブ　2粒

（ガラムマサラ）

◎コリアンダー　小さじ1
◎ローリエ　1枚
◎スターアニス　⅓個
◎シナモン　小指の爪ほど
◎グリーンフェンネル　ひとつまみ
◎クミン　小さじ½

（チーズ類を煮込む）

◎水　300ml
◎蜂蜜　40g

◎カカオニブ　10g
◎パルミジャーノ　50g
◎モッツァレラ　50g
◎ミモレット　20g
◎ブルーチーズ　20g

作り方

①テンパリングする。鍋にAを入れ、弱火で香りを引き出す。玉葱を入れて炒め、透きとおってきたらミックスナッツを足し、適度にかき混ぜ茶色くメーラード反応を起こさせながら、少しねっとりするまで炒める。
②ガラムマサラのスパイスをすべてミルミキサーで粉末にし、鍋（①）に入れて弱火で全体をよく混ぜながら火を通す。
③水（300ml）を鍋（②）に加えて、中火で3分ほど煮込む。Bのチーズ類を適当に切って鍋に加え、しっかり煮溶けるまで弱火で煮込む。
蜂蜜、カカオニブを加え混ぜたらカレーの完成。

おまけのフレンチトースト（作りやすい分量）

材料

◎卵　2個
◎砂糖　大さじ1
◎牛乳　100ml
◎生クリーム　100ml
◎パン　適量（3枚切りで2枚とか）
◎バター　10gくらい

下準備

◎卵をボウルに割り、白身を切るようによく混ぜる。砂糖を加えてさらに混ぜる。
牛乳、生クリームを加えて、全体が馴染むように混ぜる。
よく混ぜた卵液にパンを半日〜一日漬け込む。

作り方

①フライパンにバターを弱火で溶かし、卵液をたっぷり吸ったパンを

じっくりと焼く。最後に火を強めて表面だけ焼き色を付けたら、中はトロっとふんわり、外はパリっと焼き上がります。

12月20日（水）晴れ

調理道具を買い足したかったのでお出かけ。秩父界隈では揃わないから、またもジョイフルホンダに来てしまう。

帰り道、定食屋に寄り道してミックスフライ定食をいただく。昔の喫茶店で見かけた１００円を入れて出てくる占いマシーンがあり、小銭を探すも無く、諦めた。

占いとかおみくじって大好きなんです。なんか楽しい。

家に帰ってからは、なんだか疲れたので少し横になる。

起きて事務仕事をしたら23時半。夜食のパスタを作り始める。

最近は時間感覚が狂っている。しっかり太陽を浴びる時間を、どこかで作るようにしなきゃ……。

山わさび醤油漬けのスパゲッティ

＊山わさび醤油漬けは冷蔵庫で1週間ほど持ちますが、辛味は飛んでいきます。冷凍保存もできます。

材料

（山わさび醤油漬けを作る）

◎山わさび　200g

A

◎牡蠣醤油　大さじ2と½
◎純米酒　小さじ1
◎みりん　小さじ1
◎クミン　小さじ½
◎ローリエ　1枚

（スパゲッティを作る）

◎水　800ml
◎塩　小さじ1
◎スパゲッティーニ　100g

◎オリーブオイル　大さじ1

作り方

①山わさびを細かく刻むか、擦り下ろす。Aの調味料と混ぜ合わせたら山わさび醤油漬けの完成。すぐに食べれます。今回はそのまま、山わさび醤油漬けのスパゲッティを作ります。

②水（800㎖）に塩を入れ、沸騰したらスパゲッティーニをお好みの硬さに茹でる。茹で汁（80㎖）は残しておく。

③フライパンにオリーブオイルを弱火で温めて、茹で上がったパスタと茹で汁（②）を入れてから、中火にしてよく混ぜ合わせる。次第に乳化してくるので、途中で山わさび醤油漬け（①）を加え、さらに混ぜ合わせたら完成。

12月21日（木）晴れ

7時、キッチンカーのドアを開けて唖然とする。照明ランプが割れている。なぜ？　と調べてみると、ネジが緩んで外れ、ぶらぶら揺れて割れたようだ。

今日の予定を変更し、購入先に行くことにした。片道1時間半、いろいろと考えていたらネジの取り付け方向が左右逆だったことに気付いた。ふたつ購入したうちのひとつが、店頭に飾ってあった商品。そちらが何かの間違いで、ネジの方向が逆になっていたのが問題だったのでは？目的地に着き、さっそく試してみたところビンゴ。でも、説明書をよく読めば左右逆だったことに気付けたのではないか？　そう考えると僕にも落ち度はある。

勉強代と割り切って、新しくシェードを購入しようと決めた。

売り場に行くと、購入時の接客者がいて挨拶してくれた。「シェードをください」「え！　割れたとかですか？」「かくかくしかじか」「それは大変失礼を致しました。見本品だといろいろと試されるお客様がいらっしゃるので、そういうこともあり得るかと存じます。新しい商品と

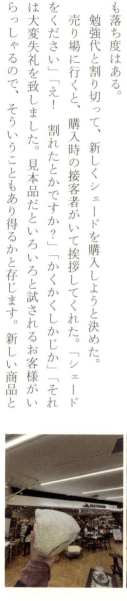

お取り替え致します」

惚れた。購入時も対応が素敵だったけど、惚れた。

せっかく2日続けてホームセンターに来たので、この場で細かい作業をすることにしました。

リンゴのキーマ

材料

A
- 玉葱　1/4個
- ニンニク　1片
- 生姜　ニンニクと同量
- リンゴ　1個

（テンパリング）
- オリーブオイル　大さじ1
- カルダモン　2個

◎クローブ　2粒
◎イエローマスタードシード
小さじ1
◎シナモン　小指の爪ほど
◎唐辛子　1本

B

（スパイス）
◎コリアンダー　小さじ1と½
◎クミン　小さじ½
◎ローリエ　1枚
◎スターアニス　1個

C

（煮詰める）
◎シードルもしくは100%リンゴジュース　100ml
◎ホワイトバルサミコ酢　大さじ1
◎ナンプラー　小さじ1
◎ターメリック　小さじ½

〈盛り付け〉

◎ご飯　適量
◎ミックスナッツ　適量
◎岩塩　適量
◎ミント　適量

下準備

◎Aの材料すべてをミキサーにかける、もしくはみじん切りにする。

作り方

①鍋にオリーブオイルとスパイス類を入れ、弱火でテンパリングする。下準備したAの材料を加えて、全体に火が入り少しねっとりするまで炒める。

②Bのスパイスをミルミキサーで粉末にする。鍋（①）に入れて、弱火でよく混ぜながら粉末スパイスに火を通す。

③Cを鍋（②）に加えて煮詰めれば、リンゴキーマの完成。

④お皿にご飯、リンゴキーマ、ナッツ、岩塩の順番に重ね、ミントを飾れば出来上がりです。

12月22日（金）晴れ

僕は義務教育の期間ろくに勉強をせず、中卒で社会人になった。手に職をつけると言えばかっこいいが、学問から逃げただけだった。

支払い振り込みの用事で銀行に行き、残高の無さに我に返る。年明け早々極貧生活が待っている。今月はキッチンカー製作を理由に、仕事のオファーを断っていたからだ。お調子者の自分を反省し、楽しいことだけしようとしていた今日の予定を変更した。

陽の当たる場所へ行って、先延ばしにしている作業をしよう。

金柑のアテ

材料

◎金柑　4個

◎水　400ml

A

◎オリーブオイル　小さじ1

◎クローブ　2粒

◎スターアニス　⅓個
◎ローズマリーの葉　ひとつまみ

（盛り付け）
◎生ハム　適量
◎カマンベールチーズ　適量

作り方

①水（400ml）を沸かして、1分ほど中火で金柑を茹で、皮のえぐみを取る。湯から引き上げて、横半分に切り、種を取り除く。
②Aをすべてフライパンに入れ、弱火で香りを引き出す。クローブがぷっくりと膨らんだら、金柑（①）の切り口を下にし、焼き色を付ける。
③生ハムとチーズを適当にちぎり、金柑と一緒に皿に盛れば完成。

12月23日（土）晴れ

無性に会いたい人が浮かんだので、長瀞へ行く。

秩父に来て最初にできた友達、アムスハウス&フレンズ代表の平井琢さん。平井さんは日本ラフティング協会公認のマスターリバーガイドで、日本には6人しかいないスペシャリストでもあります。手ぶらで伺うのもあれなので、Benjamin_Masonで抹茶タルトを購入して向かう。

突撃訪問だったけれど運良く会えて、年末のご挨拶ができた。

基本の自家製カレールーで作るカレー（8皿分）

＊冷凍すれば長期保存も可能です。
万能なカレールーは自分好みに作りやすくて重宝し、アレンジも無限に広がります。

材料

（基本のカレールーを作る）
◎バター　100g
◎小麦粉　100g（米粉でも可）
◎蜂蜜　大さじ2

A

◎カルダモン　2個
◎コリアンダー　大さじ1と½
◎クミン　小さじ1
◎シナモン　2g
◎スターアニス　1個
◎ローリエ　2枚
◎クローブ　5粒

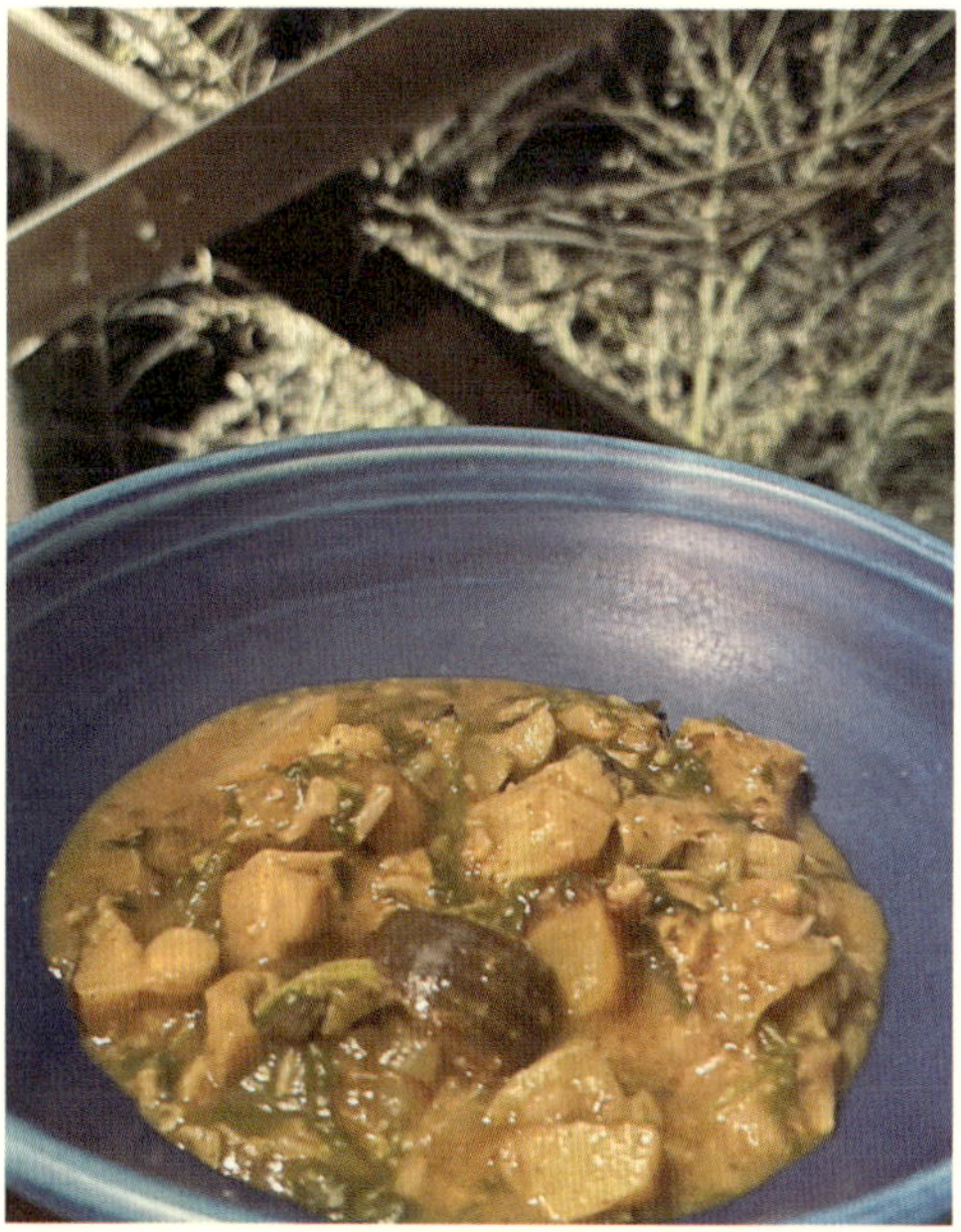

◎黒粒胡椒　小さじ1
◎グリーンフェンネル　小さじ1
◎フライドオニオン　大さじ2

B

◎ガーリックパウダー　小さじ1
◎ジンジャーパウダー　小さじ1
◎ナツメグパウダー　小さじ1
◎ターメリック　小さじ1
◎カイエンペッパー　辛さはお好みで

（冷蔵庫の余りカレーを作る）

◎余りの食材　適量
◎水　適量
◎カレールー　適量

作り方

①基本のカレールーを作る。
Aのスパイス類をミルミキサーで粉末にする。

②Bのすべてと、スパイス粉（①）を鍋に入れ、極弱火で乾煎りする。

少しきつね色になればＯＫ（ダークな味がお好みなら、さらに煎ると良いです）。

③極弱火のままバターを鍋（②）に加え、半分くらい溶けたら小麦粉を加えてヘラで練り上げながら蜂蜜も加える。まとまるくらいの硬さになったら、バットなどの型に入れる。粗熱が取れたら冷蔵庫で冷やし固めて完成。

④基本のカレールーで、冷蔵庫の余りカレーを作る。

冷蔵庫の余り食材を食べやすい大きさにし、水で煮込みます。カレールーを加えて煮溶かし、お好みの味を足してゆけばご馳走に早変わりしますよ。冬の定番、鍋の〆にも最高です。

12月24日（日）晴れ

クリスマスイブです。

と言っても特別なことはないので、一日中ダラダラ過ごそう。本当は、ひと月に2回ほど遊んでいた10歳の次男に会いに行きたいのだが、7月に初めて叱ってから誘われなくなってしまった。早めの反抗期なのか。とても淋しい。

昼すぎから鶏肉とたわむれはじめる。出来上がったフライドチキンにかぶりつき、ビールを1本、一気飲みした。風呂に浸かり、17時に布団に入った。

フライドチキン

材料

◎米油 or オリーブオイル 適量（揚げ油）

（鶏肉の下ごしらえ）

◎鶏中抜き 1羽
◎塩 適量

A

◎ローリエ 2枚
◎カルダモン 2個
◎クローブ 4粒
◎黒粒胡椒 小さじ1

◎シナモン　1g
◎生姜　15g
◎ニンニク　3片
◎タイムの枝　ひとつまみ
◎ローズマリーの枝　1本

（ジップロックで味付け）

◎醤油　大さじ3
◎おろし生姜　10g

（スパイス揚げ衣）

◎小麦粉　80g
◎コーンスターチ　10g
◎ベーキングパウダー　小さじ1
◎粗挽きブラックペッパー　小さじ1
◎ホワイトペッパー　小さじ½
◎ガーリックパウダー　小さじ1
◎パプリカパウダー　小さじ1

◎塩　小さじ1

（卵液）

◎卵　1個
◎水　大さじ2と½

下準備

◎鶏肉全体に塩をふって、15分ほど脱水と塩味を付ける。キッチンペーパーで余分な水分を拭いておく。

作り方

①鶏肉を鍋に入れ、隠れるくらいの水を入れる。肉が少し出てしまうようなら、キッチンペーパーを被せ乾燥を防ぎます。Aのスパイス類を入れ、一度沸騰させたら、弱火にして15分ずつ天地をひっくり返して煮ます（圧力鍋で10分でも良いです）。鍋のまま粗熱を冷ましていくと、味が肉の中に染み込みます（美味しい茹で鶏とチキンスープの出来上がり）。チキンスープは明日のレシピで使うので取っておく。

②ジップロックに醤油、生姜を入れて混ぜる。冷めた鶏肉を取り出して袋に入れ、鶏皮が崩れないように全体に味を回し、10分ほど浸けておく。
③スパイス揚げ衣を用意する。粉類とスパイスの材料すべてをよく混ぜる。
④卵を割り、水とよく混ぜ卵液を作る。
⑤混ぜた粉類（③）から大さじ5杯分を、卵液（④）と合わせよく混ぜる。
⑥鶏肉を揚げる。
揚げ方は、2回に分けて揚げます。

鶏肉（②）を袋から取り出し、卵液（⑤）に浸けてからスパイス粉（③）を全体にまぶす。1回目は油を130℃まで温めて、5分ほど揚げたら取り出す。
⑦2回目は油を170℃まで温め、2〜3分揚げて油切りをしたら完成。

12月25日(月)晴れ

今日も良い天気です。

布団を干したいけれど、大量のクサギカメムシが布団に寄ってきて、暖を取るために忍び込んでくる。山荘の屋根の上にスカイデッキを作ったのは、ふかふかの干した布団をいつでも用意して寝たかったから。しかし、洗濯物を干した後の駆除がしんどく、しかもやつらは臭い。山に住むとこういう問題が多発する。覚悟が必要だ。

朝から金柑2個、バナナ1本で過ごしていたので腹が減った。14時を過ぎたし、すぐに陽が落ちる時間だ。日陰で寒くなる前に、昨日のレシピで取っておいたチキンスープと相性が良いクレソンを摘みに、陽当たりが良い川に行った。晴れているとはいえ、寒い中、裸足で小学生たちが川遊びをしていた。地元の子たちはたくましいな。

ちょうど下の息子くらいの年齢だったので、しばらく眺めていた。

鶏出汁香る野草茶漬け

＊湯取り方式で作るバスマティライスの説明は9月27日レシピを参照。

材料

（湯取りバスマティライス作り）
◎バスマティライス　半合
◎昨日のチキンスープ
◎塩　小さじ½
◎水　適量

（野草スープ）
◎おろし生姜　3g
◎ナンプラー　適量

A
◎クレソン　適量
◎タネツケバナ　適量
◎ギシギシ　適量

（テンパリング）

◎胡麻油　小さじ1
◎イエローマスタードシード　ひとつまみ
◎クミン　ひとつまみ
◎唐辛子　お好みで

下準備

◎バスマティライスを水に30分浸けてから、水を切る。

作り方

①バスマティライスを作る。昨日のチキンスープに塩を入れて沸かす（水分量が800mlになるように水を足す）。そこにバスマティライスを入れ沸騰させ、袋表記の時間、パスタを茹でるように炊く。炊き上がったら、ボウルにザルを重ねてライスと汁に分ける。ライスはそのまま水気を切りながら、5分くらい米が立つまで放置する（9月27日レシピ、作り方4（＊印）参照）。汁は取っておく。

②野草スープを作る。Aの野草は好きなだけ使いましょう。それぞれ

洗って適当に刻みます。汁（①）に生姜を入れて沸かします。刻んだ野草を入れ、一煮立ちしたらナンプラーで味を調えます。

③テンパリングする。フライパンに胡麻油、スパイスを入れて弱火で香りを出します。

この作業を行う間に、お皿にバスマティライス（①）、野草スープ（②）をよそい、熱々の香りオイルをかけたら完成です。いろいろトッピングして美味しいですが、オススメは納豆です。

12月26日（火）晴れ

冷え込んだ家の中。ストーブをつけて、溜め込んだ事務仕事に朝から取り掛かる。コンビニまでコピーをしに行く。一度外へ出てしまうと、書類から逃げたくなる。

天気も良いし草刈りがしたい。草刈りついでに野草を摘んで、夜ご飯にしよう。

刈払機を取りに家に戻ると、お隣の仁美ちゃんが竹を切って、庭にあるもので門松を作っていた。身近な物で楽しむ姿勢が素晴らしく、なか

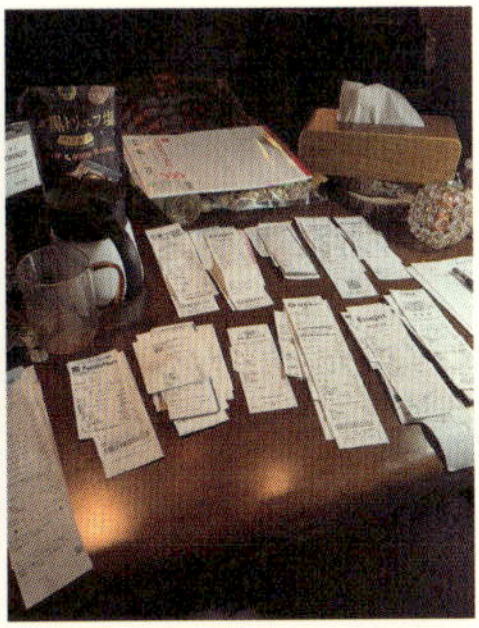

なかの出来栄えです。

野草のキッシュ風

材料
◎コオゾリナ　50g
（テンパリング）
◎オリーブオイル　小さじ1
◎ニンニク　小さいの1片（みじん切り）
◎玉葱　30g（みじん切り）
A
◎クミン　ひとつまみ
◎ブラウンマスタードシード　ひとつまみ
◎唐辛子　お好みで

（焼き上げる）

◎卵　1個

◎生クリーム　150ml

B

◎ナツメグパウダー　ひとつまみ

◎ホワイトペッパー　ひとつまみ

C

◎パルミジャーノパウダー　10g

◎ミックスチーズ　お好みの量

下準備

◎コオゾリナを茹で、水気を絞り小口切りにする。

作り方

①鍋にオリーブオイル、ニンニク、Aのスパイスを入れて弱火でテンパリングする。

香りが出たら玉葱を加え、ニンニクと玉葱に火が通るまである程度炒める。

②ボウルに卵を割り、生クリームとBのスパイスを混ぜ合わせる。鍋（①）とコオゾリナも加えよく混ぜる。

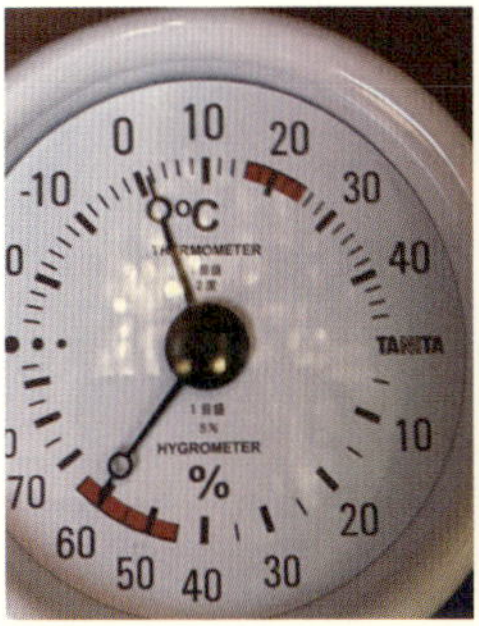

③耐熱容器にクッキングシートを敷いて（②）を流し入れ、Cをかける。180度〜200度のトースターやオーブンで15〜20分焼いたら完成。

12月27日（水）晴れ

起きて洗濯機を回し、掃除機をかける。無性に日本の白米が食べたくなり、JAで米を精米し、いそいそと山荘に戻って炊く。最近バスマティライスばかりだったせいか、ご飯に新鮮さを感じる。茶碗によそい、真ん中に卵を割り入れ、醤油をサッと回しかけ食べた。旨い。

午前中は昨日に引き続き事務仕事の続き。

夕方、うっかり寝てしまった。なぜだか昨晩はLINEなどの連絡が多く、寝たのが3時過ぎで寝不足だったからだろう。ヤバい、慌てて外へ出ると満月だった。

スーパーで安売り刺身パックを購入した。

スパイス漬け丼

材料

A

◎醤油　大さじ1と½
◎味醂　大さじ1
◎純米酒　大さじ1

B

◎太白胡麻油　小さじ1
◎クミン　ひとつまみ
◎ブラウンマスタードシード　ひとつまみ

C

◎カルダモンパウダー　ひとふり
◎花山椒パウダー　ひとふり
◎豆板醤　お好みの量
◎柚子果汁　小さじ1

作り方

①Aを鍋に入れて沸かし、アルコールを飛ばしたら皿に移す。

②Bを鍋に入れ、弱火で香りを引き出したらタレ（①）と合わせ、冷ます。
③Cをタレ（②）と混ぜ合わせ、お好きな刺身を10分漬け込む。
④ご飯に刺身のツマ、海苔、胡麻などをちらし、漬け込んだ刺身と盛り合わせたら完成。

12月28日（木）晴れ

今日は、新宿で間借りカレーを営んでいた歌舞伎町の女王、ラナンクルスのミオちゃんが遊びに来てくれました。前回来た時は、僕が誕生日だったことを後で知り、「なんで言ってくれなかったの〜、お祝いしたかった」と。彼女らしい優しさに癒されたものです。

前日にミオちゃんは、僕と親交があるパーラー江古田さんの恒例イベント「満月バー」でシェフをしていたので、パンとケーキを手土産に持って登場。せっかく山に来たから、プチ観光ということでふたりでドライブしました。

定期的に互いの進行状況や夢を語り合うのですが、芦ヶ久保駅前でキッチンカーをお披露目しました。すると、某TVのクイズ系番組が偶

然にも取材をしていて、声をかけられて収録。使われるのかは分かりませんが楽しい出来事でした。

山荘に戻り、ここ数か月のハプニングや展望を語りながら、よく笑った一日でした。

カレーフィリング

材料

A

（下ごしらえ）
◎玉葱　60g
◎リンゴ　50g
◎ニンニク　1片
◎椎茸　150g

（テンパリング）
◎太白胡麻油　小さじ1

◎クミン　小さじ1
◎唐辛子　1本

（カレーフィリング）

◎水　200ml
◎赤缶 S&B カレー粉　小さじ1
◎カスリメティ　2g
◎基本のカレールー　40g（12月23日参照）

下準備

◎玉葱、ニンニク、リンゴをみじん切りにする。
椎茸はスライスにし、フライパンで乾煎りして少し水分を抜く。

作り方

①テンパリングする。鍋に胡麻油、クミン、唐辛子を入れ、弱火で香りを引き出す。
下準備したAを加えて、弱火で10分ほど炒める。

②カレーフィリングを作る。水（200ml）とカレー粉、カスリメティを

鍋（①）に入れ、中火で3分ほど煮込む。火を止めて基本のカレールーを溶かし入れ、弱火で程よくまとまるくらい煮詰めたら完成。

パン生地で包んで本格的なカレーパンも作れますが、パーラー江古田の付けパンを楽しみました。

12月29日（金）晴れ

プリンターが届いた。僕はパソコンを使ったことがなく、この手の機械は苦手でかなり接続に苦しんだ。

新年を迎えるにあたり、髪を切りたかったので風呂を沸かし、散髪がてらに入る。そうこうしているうちに、忘年会に来るゲストを迎えに行く時間になった。

豪勢にワインとすき焼きを愉しむ。すき焼きなんて、10年以上食べてない。良い夜だ。

すき焼き（2人前）

材料

A

（下ごしらえ）

◎秩父両神しらたき　180g

◎焼き豆腐　半丁

◎九条葱　2本

◎原木椎茸　3個

◎芹　60g

（割り下）

◎酒　150ml

◎味醂　150ml

◎ザラメ　45g

◎醤油　150ml

（具材を焼く）

◎牛脂　2個（スーパーにある袋のもの）
◎卵　1個
◎牛肩ロース薄切り　400g

B

◎クミン　小さじ1
◎花山椒　小さじ½
◎唐辛子　1本

下準備

◎お湯を沸かし、しらたきを入れる。再び沸いたらザルにあけ水気を切り、食べやすい長さに切る。
◎焼き豆腐はひとくち大に切る。葱もひとくち大に切る。椎茸は4つ切り。芹はよく洗う。

作り方

①鍋に酒、味醂を沸かし、火にかけてアルコールを飛ばす。ザラメを溶かし、醤油を加えて一煮立ちさせれば割り下の完成。
②具材を焼いていく。鍋を弱火にし、牛脂を入れ溶かす。Bを入れ、少

し香りが出たら、葱を焼き取り出す。
③器に卵を割り入れ、割り下を少し入れる。葱を焼いた鍋で肉を1枚焼いて、最初に美味い肉を堪能しちゃう。
④鍋に具材（下準備しておいたA）、割り下を入れ、火が通ったら完成。

12月30日(土)晴れ

何もない。
昼前にカレーを作って食べた。
それだけの一日。

残り汁カレー

＊湯取り方式で作るバスマティライスの説明は9月27日レシピを参照。

材料

（グレービー）
◎オートムポエム　60g
◎太白胡麻油　小さじ1

A

◎クミン　小さじ½
◎ブラウンマスタードシード　小さじ1
◎カルダモン　1個
◎クローブ　2粒
◎フェヌグリーク　小さじ½
◎唐辛子　1本

B

◎ニンニク　1片（みじん切り）
◎生姜　ニンニクと同量（みじん切り）
◎玉葱　⅓個（みじん切り）

C

◎カルダモン　1個
◎シナモン　小指の爪ほど
◎ローリエ　1枚
◎スターアニス　⅓個
◎クローブ　2粒

◎黒粒胡椒　小さじ½
◎クミン　小さじ½
◎コリアンダー　小さじ1と½
◎水　100ml
◎すき焼き鍋の残り汁　60ml（前日のレシピの残り）

D

（湯取りバスマティライス作り）
◎バスマティライス　半合
◎水　800ml
◎塩　小さじ1
◎カルダモン　1個
◎クローブ　2粒
◎ローリエ　1枚
◎太白胡麻油　小さじ½

E

下準備

◎オータムポエムの太い茎は小口切り、葉先はひとくち大に切っておく。

作り方

①鍋にAを入れ、弱火で香りを引き出したら、さらにBを加えきつね色になるまで中火で炒める。
②Cのスパイスをミルミキサーで粉末にする。鍋（①）に加え、弱火で全体を混ぜながら香りが立ち上がるまで炒める。
③Dを鍋（②）に入れて沸かす。下準備しておいたオータムポエムをすべて鍋に入れ、4分ほど煮込めばグレービーの完成。
④別の鍋にEをすべて入れ、沸いたらバスマティライスを加えて沸騰させ、パスタを茹でるように炊く。炊き上がったらザルにあけ、水気を切る（バスマティライスを水に浸けてなかったので、長めに茹でました。9月27日レシピ、作り方4（＊印）参照）。
⑤バスマティライスをよそい、グレービー（③）をかければ完成。

12月31日(日)晴れ

毎年のことだが神妙な一日を過ごした。大概が反省だ。
気持ちを浄化しようと朝から饂飩《うどん》を捏ねたり踏んだりするも、なんと

雑念の多いことか。

２０２３年は辛い気持ちが大半だった。

だからこそ小さな花や光が、とても愛おしく感じることもできた気がする。

僕はお調子者で目立ちたがり屋だから、控えめに生きなさいと導かれた日々だった。人は、生きているだけで派手なのかも知れない。

年越し自家製うどんカレー

＊いろいろなうどんがありますが、武蔵野うどんの形式で作りました。
自家製うどん生地とカレー出汁は、アイディア次第で組み合わせられるのでレシピを分けました。

お好みで味や材料を変えてを楽しんでください。

年越し自家製うどん生地

材料

（自家製うどん生地を作る）

◎全粒粉小麦　120g

◎水　80g

◎粗塩　6g

（生地を伸ばす）

◎打ち粉（片栗粉orコーンスターチ）

小麦粉でもかまいませんが、手早くやらないとベタつきます。

（うどんを茹でる）

◎水　2L

下準備

◎風味を良くしたいので、全粒粉小麦をフライパンで焦がさないように乾煎りする（乾煎りしなくてもできます）。水（80g）と粗塩を混ぜ、塩水

を作ります。

作り方

①自家製うどん生地を作る。
下準備で乾煎りした全粒粉小麦に、塩水を6割程度、混ぜながら捏ねる。気温で塩水の量が変わるので、ゆるくなりすぎないように。耳たぶより硬めを目指して、水分量を調整しながら捏ねてください。全粒粉だと分かりづらいですが、捏ねているとグルテンと塩水が反応し、黄色くなってきます。
②しっかり捏ねたら、丸くして袋に入れる。
③うどん生地を足で踏みます。踵からつま先に伸ばすように踏んでいきます（体重が重いほど良いです）。ある程度広がったら、端を中央に集め丸くして、また踏みます。踏めば踏むほど艶が出て、コシの強いうどんになります。今回は7回踏みました。
④最後は丸く成形して、袋の中で2時間（夏場は30分ほど）熟成させます。ここまでくると、指で押すと戻ってくる弾力が生まれています。
⑤生地を伸ばす。
生地（④）を伸ばします。麺棒がなかったので、スパイスを潰す時の

棒を使いました。生地の端から巻き取り、転がしながら全体が3ミリ均等の厚みになるよう、打ち粉をしながら繰り返し伸ばします。

⑥伸ばし終えたら、打ち粉を間に入れながら生地を重ねます。お好みの幅に切って、まとめて叩き、余分な粉を落とします。

⑦うどんを茹でる。

鍋にたっぷりの湯を沸かし、うどん（⑥）をぱらぱらと入れます。底にくっついてしまわないように、箸で下からそっと持ち上げてあげると良いです。ぐるぐる混ぜてしまうと、うどんが切れてしまいます。茹で方のコツは、熱量を一定に茹できること。ですので差し水はせずに、沸きっぱなしの状態で、火加減をコントロールしてください。

⑧うどんが浮き上がってきたら、味見をして茹で加減を決めます。粉っぽさがなくお好みの硬さになったなら、ザルに取り水につけて、うどんを締めます（余分なデンプンを落とし粘りを防ぐことと、余熱で伸びないようにするためなので、夏場に冷たく食べたい時以外は氷水でなくて良いです）。温かいうどんを食べたい時は、締めたうどんを湯通ししてから使うのが、美味しさのコツです。

年越しカレー出汁

材料

◎豚バラスライス　80g
◎玉葱　120g（くし形切り）

A

◎昆布　3g
◎鰹厚削り　15g
◎水　600ml

B

◎醤油　大さじ1と½
◎味醂　大さじ1と½

C

◎胡麻油　小さじ1と½
◎ニンニク　1片
◎唐辛子　1本
◎クミン　小さじ1
◎イエローマスタードシード　小さじ1

D

◎コリアンダー　小さじ1
◎スターアニス　½個
◎クローブ　4粒

◎カルダモン　1個
◎ネパール山椒　小さじ½
◎ローリエ　1枚

E

◎ごまペースト　40g
◎甜麺醤　10g
◎おろし生姜　20g
◎千鳥酢　大さじ1
◎ナンプラー　小さじ1
◎ホワイトペッパー　小さじ1
◎片栗粉　大さじ1
◎ちぢみ菜　80g（ざく切り）

作り方

①鍋にAを入れ、弱火で煮出す。沸騰したら、さらに火を弱くして5分煮る。
②Bを鍋（①）に入れ、一煮立ちさせたら、ミキサーに移して攪拌しておく。
③Cを鍋に入れ、弱火で香りを引き出す。

④豚バラを鍋（③）に入れ、焼き目が付いたら、玉葱も同様に焼き目を付ける。
⑤Dのスパイスをミルミキサーで粉末にして鍋（④）に加え、香りが立つまで炒める。
⑥Eを鍋（⑤）に入れる。ミキサーに移しておいた（②）の出汁を加え、3分ほど煮込めば年越しカレー出汁の完成。
⑦カレー出汁に、茹でた自家製うどん生地を合わせたら「年越し自家製カレーうどん」の出来上がりです。

独歩ちゃん　（どっぽちゃん）

料理人。1970年生まれ。16歳で料理の世界に入る。2022年、埼玉県秩父郡横瀬町に移住。野外フィールドを活用した料理教室「野外独歩ちゃん」を不定期に開催しつつ、きれいに土に還る人生を模索中。

足りなさを味わう

独歩ちゃんの山ごもりレシピ日記・秋

2024年11月30日　初版発行

著者（日記・レシピ考案・撮影）
独歩ちゃん

編集補助
島袋祥子

発行者
北尾修一

発行所
株式会社 百万年書房
〒150-0002
東京都渋谷区渋谷3-26-17-301
☎080-3578-3502
http://www.millionyearsbookstore.com

装丁
川名亜実
（OCTAVE）

印刷・製本
株式会社 シナノ

ISBN978-4-910053-59-2

CONTENTS